天津市高级人民法院
公　报

GAZETTE OF THE HIGH PEOPLE'S COURT OF
TIAN JIN CITY

天津市高级人民法院　　主办

U0864417

法　律　出　版　社
·北　京·

图书在版编目（CIP）数据

天津市高级人民法院公报. 总第24辑 / 天津市高级人民法院主办. -- 北京 : 法律出版社, 2025. -- ISBN 978-7-5197-9995-3

Ⅰ. D926.22

中国国家版本馆CIP数据核字第2025A9Y839号

天津市高级人民法院公报（总第24辑）
TIANJIN SHI GAOJI RENMIN FAYUAN GONGBAO
（ZONG DI-24 JI）

天津市高级人民法院 主办

责任编辑 林 蕊
装帧设计 臧晓飞

出版发行 法律出版社
编辑统筹 司法实务出版分社
责任校对 李慧艳
责任印制 胡晓雅
经　　销 新华书店

开本 A4
印张 4.75　**字数** 98千
版本 2025年2月第1版
印次 2025年2月第1次印刷
印刷 三河市兴达印务有限公司

地址：北京市丰台区莲花池西里7号（100073）
网址：www.lawpress.com.cn
投稿邮箱：info@lawpress.com.cn
举报盗版邮箱：jbwq@lawpress.com.cn

销售电话：010-83938349
客服电话：010-83938350
咨询电话：010-63939796

书号：ISBN 978-7-5197-9995-3
定价：18.00元

凡购买本社图书，如有印装错误，我社负责退换。电话：010-83938349

目　　录

规范性文件

参阅裁判文书

天津市高级人民法院　天津市人民检察院《关于常见犯罪的量刑指导意见（试行）》实施细则（节选）

3. 量刑的基本方法

……

3.3　判处罚金刑

3.3.1　判处罚金，应当以犯罪情节为根据，并综合考虑被告人缴纳罚金的能力，依法决定罚金数额。

3.3.2　罚金刑的适用应当坚持罪责刑相适应的原则，与主刑相适应，并对主刑起着一定的调剂作用，实现法律效果与社会效果的统一。

3.3.3　刑法规定“并处”罚金的，在判处主刑的同时，必须依法判处罚金；规定“可以并处”罚金的犯罪，根据案件具体情况以及被告人的财产状况，决定是否适用罚金。

3.3.4　刑法规定“单处”罚金的，适用单处罚金不致再危害社会，并具有下列情形之一的，可以依法单处罚金：

（1）偶犯或者初犯；

（2）自首或者有立功表现的；

（3）犯罪时不满十八周岁的；

（4）犯罪预备、中止或者未遂的；

（5）被胁迫参加犯罪的；

（6）全部退赃并有悔罪表现的；

（7）其他可以依法单处罚金的情形。

3.3.5　刑法分则、司法解释明确规定罚金数额标准或计算标准的，依照标准确定或计算罚金数额；没有明确标准的，罚金数额不少于一千元。

3.3.6　对未成年人犯罪应当从轻或者减轻判处罚金，刑法规定“可以并处”罚金的犯罪，一般不判处罚金；判处罚金的，罚金数额不少于五百元。

3.3.7　对被告人减轻处罚的，应当在下一个量刑幅度内依法适用罚金刑。减轻处罚后适用的量刑幅度未规定罚金刑的，不判处罚金。

3.3.8　共同犯罪案件中，应当考虑各共同被告人在共同犯罪中的地位、作用、参与犯罪的数额、实际违法犯罪所得等情节分别判处罚金。从犯的罚金数额一般不高于主犯的罚金数额，但主犯是未成年、年满七十五周岁等特殊情况除外。

3.3.9 依法对被告人所犯数罪分别判处罚金的，应当实行并罚，将所判处的罚金数额相加，执行总和数额。

3.4 适用缓刑

3.4.1 适用缓刑，应当考虑被告人的犯罪情节、认罪态度、悔罪表现等情况，综合判断被告人的再犯可能性，并结合宣告缓刑对所居住社区的影响和审判实际，做到宽严相济，保持缓刑适用平稳，保证法律效果和社会效果的统一。

3.4.2 对于判处拘役、三年以下有期徒刑的被告人，符合缓刑适用条件的，可以宣告缓刑；对其中不满十八周岁的人、怀孕的妇女和已满七十五周岁的人，应当宣告缓刑。

3.4.3 量刑起点在三年有期徒刑以下，无法定、酌定从重情节，符合缓刑适用条件，且有下列情形之一的，优先考虑适用缓刑：

（1）具有自首或者立功情节的；

（2）犯罪预备、中止或者未遂的；

（3）共同犯罪中的胁从犯；

（4）防卫过当或者避险过当的；

（5）达成刑事和解协议或者取得被害人谅解的；

（6）被害人具有重大过错的；

（7）系没有生活自理能力家庭成员的唯一监护人，或未成年人的唯一监护人的。

3.4.4 具有下列情形之一的，慎重适用缓刑：

罪行较重，经从轻、减轻处罚后才符合缓刑适用条件的；

其他法律法规中，规定从严把握适用缓刑的情形。

3.4.5 具有下列情形之一的，一般不适用缓刑：

（1）前科为故意杀人、强奸、抢劫、绑架、放火、爆炸、投放危险物质或者有组织的暴力性犯罪的；

（2）具有二次以上前科的；

（3）犯罪组织或集团中的骨干分子；

（4）共同犯罪中情节严重的主犯；

（5）毒品再犯或者因毒品违法行为受过二次行政处罚的；

（6）故意实施不同种数罪的；

（7）曾被依法撤销缓刑，或者在缓刑考验期限内再犯新罪的。

3.4.6 对于累犯和犯罪集团的首要分子，不适用缓刑。

4. 常见量刑情节的适用

……

4.2 未成年人犯罪

4.2.1 对于未成年人犯罪，综合考虑未成年人对犯罪的认知能力、实施犯罪行为的动机和目的、犯罪时的年龄、是否初犯、偶犯、悔罪表现、个人成长经历和一贯表现等情况，应当予以从宽处罚：

（1）已满十二周岁不满十六周岁的，应当减少基准刑的30%-60%；

（2）已满十六周岁不满十八周岁的，应当减少基准刑的10%-50%。

4.2.2 未成年人犯罪，量刑起点为

三年以下有期徒刑、拘役，具有下列情形之一，且认罪悔罪的，应当依照刑法第三十七条的规定免除处罚：

（1）系又聋又哑的人或者盲人；

（2）防卫过当或者避险过当；

（3）犯罪预备、中止或者未遂；

（4）共同犯罪中的从犯、胁从犯；

（5）犯罪后自首或者有立功表现；

（6）其他犯罪情节轻微不需要判处刑罚的。

4.2.3　行为人在年满十八周岁前后实施了不同种犯罪行为的，对其年满十八周岁以前实施的犯罪，依照本细则4.2.1-4.2.2的规定确定从宽的幅度。

4.2.4　行为人在年满十八周岁前后实施了同种犯罪行为的，根据未成年人犯罪事实的具体情况，适当确定从宽的幅度。但因未成年犯罪所减少的刑罚量不得超过未成年犯罪事实所对应的刑罚量。

4.3　年满六十五周岁以上的人犯罪

4.3.1　对于年满六十五周岁以上的人犯罪，综合考虑犯罪的性质、情节、后果等情况，适当确定从宽的幅度：

（1）已满六十五周岁不满七十五周岁的人故意犯罪的，可以减少基准刑的30%以下；过失犯罪的，减少基准刑的40%以下。

（2）对于已满七十五周岁的老年人故意犯罪，综合考虑犯罪的性质、情节、后果等情况，可以减少基准刑的40%以下；过失犯罪的，减少基准刑的20%-50%。

4.3.2　行为人在年满六十五周岁前后，或在年满七十五周岁前后实施了不同种犯罪行为的，对其年满六十五周岁后或年满七十五周岁以后实施的犯罪，依照本细则4.3.1的规定确定从宽的幅度。

4.3.3　行为人在年满六十五周岁前后，或在年满七十五周岁前后实施了同种犯罪行为的，根据犯罪事实的具体情况，适当确定从宽的幅度。但因年满六十五周岁或年满七十五周岁所减少的刑罚量不得超过该部分犯罪事实所对应的刑罚量。

4.4　精神病人犯罪

对于尚未完全丧失辨认或者控制自己行为能力的精神病人犯罪，综合考虑犯罪性质、精神疾病的严重程度以及犯罪时精神障碍对辨认、控制能力的影响等情况，适当确定从宽的幅度：

（1）病情为重度的，可以减少基准刑的40%以下；

（2）病情为中度的，可以减少基准刑的30%以下；

（3）病情为轻度的，可以减少基准刑的20%以下。

4.5　又聋又哑的人或者盲人犯罪

对于又聋又哑的人或者盲人犯罪，综合考虑犯罪的性质、情节、后果以及聋哑人或盲人犯罪时的控制能力等情况，可以减少基准刑的50%以下；犯罪较轻的，可以减少基准刑的50%以上或者依法免除处罚。

4.6　防卫过当与避险过当

4.6.1　对于防卫过当，综合考虑犯罪的性质、防卫过当的程度、造成损害的大小等情况，减少基准刑的60%以上或者依法免除处罚。

4.6.2　对于避险过当，综合考虑犯罪的性质、避险过当的程度、造成损害的大小等情况，减少基准刑的50%以上或者依法免除处罚。

……

4.13　自首

4.13.1　对于自首情节，综合考虑自首的动机、时间、方式、罪行轻重、如实供述罪行的程度以及悔罪表现等情况，确定从宽的幅度：

（1）犯罪事实和犯罪嫌疑人均未被办案机关发觉，犯罪嫌疑人主动投案自首的，可以减少基准刑的30%-40%。

（2）犯罪事实或犯罪嫌疑人未被办案机关发觉，犯罪嫌疑人主动投案自首的，可以减少基准刑的40%以下。

（3）犯罪事实或犯罪嫌疑人虽被办案机关发觉，但犯罪嫌疑人尚未受到讯问，未被宣布采取调查措施或者强制措施情况下的自首，可以减少基准刑的30%以下。该自首具有实际价值的，也可以减少基准刑的40%以下。

（4）犯罪事实和犯罪嫌疑人均已被办案机关发觉，犯罪嫌疑人主动投案自首，可以减少基准刑的20%以下。该自首具有实际价值的，可以减少基准刑的30%以下。

（5）强制戒毒期间主动交代自己的罪行构成自首的，或被采取强制措施的犯罪嫌疑人、被告人如实供述办案机关尚未掌握的不同种罪行，以自首论的，可以减少基准刑的30%以下。该自首具有实际价值的，可以减少基准刑的40%以下。

（6）并非出于犯罪嫌疑人主动，而是经亲友规劝、陪同投案，或亲友送去投案等情形构成自首的，可以减少基准刑的30%以下。

（7）归案后脱逃再投案、抗拒抓捕后再投案、一审判决前又能如实供述以及其他类型的自首，可以减少基准刑的20%以下。

（8）犯罪较轻的自首，可以减少基准刑的40%以上或者依法免除处罚。

4.13.2　恶意利用自首规避法律制裁等不足以从宽处罚的除外。

4.14　坦白

对于坦白情节，综合考虑如实供述罪行的阶段、程度、罪行轻重、悔罪表现等情况，确定从宽的幅度：

（1）如实供述自己罪行的，可以减少基准刑的20%以下；

（2）坦白具有实际价值，或者如实供述司法机关尚未掌握的同种较重罪行的，可以减少基准刑的10%-30%；

（3）因如实供述自己罪行，避免特别严重后果发生的，属于重大坦白，可以减少基准刑的30%-50%。

4.15　当庭自愿认罪

对于当庭自愿认罪的，根据犯罪的性质、罪行的轻重、认罪程度以及悔罪表现等情况，可以减少基准刑的10%以下。已依法认定为自首、坦白或者认罪认罚的，不再适用本条规定。

4.16　立功

对于立功情节，综合考虑立功的大小、次数、内容、来源、效果以及罪行轻重等情况，确定从宽的幅度：

（1）一般立功的，可以减少基准刑的20%以下。

（2）重大立功的，可以减少基准刑的20%-50%；犯罪较轻的，可以减少基准刑的50%以上或者依法免除处罚。

4.17　退赃、退赔

对于退赃、退赔的，综合考虑犯罪性质，退赃、退赔行为对损害结果所能弥补的程度，退赃、退赔的数额及主动程度等情况，确定从宽的幅度：

（1）积极配合办案机关追赃、退赃，不足部分积极退赔，未给被害人造成经济损失的，可以减少基准刑的30%以下。给被害人造成损失较小的，可以减少基准刑的20%以下。

（2）积极配合办案机关追赃、退赃，未给被害人造成经济损失，可以减少基准刑的20%以下。给被害人造成损失较小的，可以减少基准刑的10%以下。

（3）三人以上共同犯罪的案件，要充分考虑全案情况，结合被告人实际参与的犯罪数额、造成的被害人损失以及分赃获利情况等综合评判，再根据其实际退赃、退赔的数额及主动程度，可以减少基准刑的30%以下。

（4）对于抢劫等严重危害社会治安犯罪的，应从严掌握。

4.18　赔偿、谅解

对于积极赔偿被害人经济损失并取得谅解的，综合考虑犯罪性质、赔偿数额、赔偿能力以及认罪悔罪表现等情况，确定从宽的幅度：

（1）积极赔偿且取得谅解的，可以减少基准刑的40%以下；

（2）积极赔偿但没有取得谅解的，可以减少基准刑的30%以下；

（3）没有赔偿但取得谅解的，可以减少基准刑的20%以下；

（4）对抢劫、强奸等严重危害社会治安犯罪的，应从严掌握。

……

5.　常见犯罪的量刑

5.1　交通肇事罪

5.1.1　第一量刑幅度

致人重伤、死亡或者使公私财产遭受重大损失的，根据不同情形确定量刑起点，调节刑罚量。

5.1.1.1　死亡一人或重伤三人的：

（1）负事故全部责任的，在一年至二年有期徒刑幅度内确定量刑起点。在量刑起点的基础上，重伤每增加一人，增加六个月至一年刑期。造成公共财产或者他人财产直接损失，无能力赔偿数额每满10万元，增加二个月刑期。

（2）负事故主要责任的，在六个月至一年六个月有期徒刑幅度内确定量刑起点。在量刑起点的基础上，重伤每增加一人，增加三个月至一年刑期。造成公共财产或者他人财产直接损失，无能力赔偿数额每满10万元，增加一个月至二个月刑期。

5.1.1.2　死亡三人，负事故同等责任的，在二年以下有期徒刑、拘役幅度内确定量刑起点。在量刑起点上，死亡每增加一人，增加三个月至六个月刑期。重伤每增加一人，增加二个月至四个月刑期。造成公共财产或者他人财产直接损失，无能力赔偿数额每满10万元，增加一个月刑期。

5.1.1.3 造成公共财产或者他人财产直接损失，无能力赔偿数额达到30万元以上的：

（1）负事故全部责任的，在一年至二年有期徒刑幅度内确定量刑起点。在量刑起点上，无能力赔偿数额在30万元基础上每增加10万元，增加二个月至四个月刑期。重伤每增加一人，增加六个月至一年刑期。

（2）负事故主要责任的，在六个月至一年六个月有期徒刑幅度内确定量刑起点。在量刑起点上，无能力赔偿数额在30万元基础上每增加10万元，增加一个月至三个月刑期。重伤每增加一人，增加三个月至一年刑期。

5.1.1.4 重伤一人，并有“酒后、吸食毒品后驾驶机动车辆；无驾驶资格驾驶机动车辆；明知是安全装置不全或者安全机件失灵的机动车辆而驾驶；明知是无牌证或者已报废的机动车辆而驾驶；严重超载驾驶；为逃避法律追究逃离事故现场”情形之一的：

（1）负事故全部责任的，在一年至二年有期徒刑幅度内确定量刑起点。在量刑起点上，重伤人数每增加一人，增加六个月至一年刑期。造成公共财产或者他人财产直接损失，无能力赔偿数额每满10万元，增加二个月至四个月刑期。

（2）负事故主要责任，在六个月至一年六个月有期徒刑幅度内确定量刑起点。在量刑起点上，重伤人数每增加一人，增加三个月至一年刑期。造成公共财产或者他人财产直接损失,无能力赔偿数额每满10万元，增加一个月至三个月刑期。

5.1.2 第二量刑幅度

交通运输肇事后逃逸或者有其他特别恶劣情节的，根据不同情形确定量刑起点，调节刑罚量。

5.1.2.1 交通运输肇事后逃逸的，在三年至五年有期徒刑幅度内确定量刑起点，在量刑起点的基础上：

（1）负事故全部责任的。死亡人数每增加一人，增加一年至一年六个月刑期。重伤人数每增加一人，增加六个月至一年刑期。造成公共财产或者他人财产直接损失，无能力赔偿数额每满10万元，增加三个月刑期。

（2）负事故主要责任的。死亡人数每增加一人，增加九个月至一年刑期。重伤人数每增加一人，增加三个月至六个月刑期。造成公共财产或者他人财产直接损失，无能力赔偿数额每满10万元，增加三个月刑期。

（3）负事故同等责任的。死亡人数每增加一人，增加六个月至一年刑期。重伤人数每增加一人，增加二个月至四个月刑期。造成公共财产或者他人财产直接损失，无能力赔偿数额每满10万元，增加三个月刑期。

5.1.2.2 死亡二人或者重伤五人的：

（1）负事故全部责任的，在四年至五年有期徒刑幅度内确定量刑起点。在量刑起点的基础上，死亡人数每增加一人，增加一年至一年六个月刑期。重伤人数每增加一人，增加六个月至一年刑期。造成公共财产或者他人财产直接损失，无能力赔偿数额每满10万元，增加二个月至四个月刑期。

（2）负事故主要责任的，在三年至四年有期徒刑幅度内确定量刑起点。在量刑起点的基础上，死亡人数每增加一人，增加九个月至一年刑期。重伤人数每增加一人，增加三个月至六个月刑期。造成公共财产或者他人财产直接损失，无能力赔偿数额每满10万元，增加一个月至三个月刑期。

5.1.2.3　死亡六人，负事故同等责任的，在四年至五年有期徒刑幅度内确定量刑起点。在量刑起点的基础上，死亡每增加一人，增加三个月至六个月刑期。重伤每增加一人，增加二个月至四个月刑期。造成公共财产或者他人财产直接损失，无能力赔偿数额每满10万元，增加一个月刑期。

5.1.2.4　造成公共财产或者他人财产直接损失，无能力赔偿数额达到60万元以上的：

（1）负事故全部责任的，在四年至五年有期徒刑幅度内确定量刑起点。在量刑起点的基础上，无能力赔偿数额在60万元基础上每增加10万元，增加二个月至四个月刑期。死亡一人，增加九个月至一年刑期。重伤人数每增加一人，增加六个月至一年刑期。

（2）负事故主要责任的，在三年至四年有期徒刑幅度内确定量刑起点。在量刑起点的基础上，无能力赔偿数额在60万元基础上每增加10万元，增加一个月至三个月刑期。死亡一人，增加九个月至一年刑期。重伤人数每增加一人，增加三个月至六个月刑期。

5.1.3　第三量刑幅度

因逃逸致一人死亡的，在七年至十年有期徒刑幅度内确定量刑起点。在量刑起点的基础上，因逃逸致人死亡的人数每增加一人，增加三年至五年刑期。重伤人数每增加一人，增加一年至一年六个月刑期。造成公共财产或者他人财产直接损失，无能力赔偿数额每满10万元，增加三个月刑期。

5.1.4　对于死亡人数、重伤人数及无能力赔偿数额达到不同档次量刑标准的，以达到较高档次的量刑标准确定量刑起点。达到相同档次量刑标准的，以死亡人数确定量刑起点；没有死亡人数的，以重伤人数确定量刑起点。

5.1.5　构成交通肇事罪，根据事故责任、致人重伤、死亡的人数或者财产损失的数额以及逃逸等事实，确定刑罚量后，再根据不同情形调节基准刑。

5.1.5.1　具有下列情形之一的，可以增加基准刑的20%以下（已确定为犯罪构成事实的除外），同时具有多种情形的，累计不得超过50%：

（1）酒后、吸食毒品后驾驶机动车辆的，或者在道路上驾驶机动车追逐竞驶，情节恶劣的；

（2）无驾驶资格驾驶机动车辆的；

（3）明知是安全装置不全或者安全机

件失灵的机动车辆而驾驶的；

（4）明知是无牌证或者已报废的机动车辆而驾驶的；

（5）严重超载驾驶的；

（6）交通肇事造成恶劣社会影响的；

（7）其他可以从重处罚的情形。

5.1.5.2　具有下列情形之一的，可以减少基准刑的30%以下，同时具有多种情形的，累计不得超过50%：

（1）交通肇事后未破坏现场、积极救助伤者的。但与自首情节不重复评价。

（2）伤者或亡者均为被告人亲属的。

（3）伤亡者中包括被告人亲属的，根据亲属与非亲属人数的比例情况、赔偿数额完成情况等，综合确定减少的比例。

（4）其他可以减少基准刑的情形。

5.1.6　构成交通肇事罪的，综合考虑事故责任、危害后果、赔偿谅解等犯罪事实、量刑情节，以及被告人的主观恶性、人身危险性、认罪悔罪表现等因素，决定缓刑的适用。

5.1.6.1　同时具有下列情形两种以上的，一般不适用缓刑：

（1）酒后驾驶机动车辆的；

（2）吸食毒品后驾驶机动车辆的；

（3）在道路上驾驶机动车追逐竞驶的；

（4）无驾驶资格驾驶机动车辆的；

（5）使用伪造、变造的机动车牌证的；

（6）明知是无牌证或者已报废的机动车辆而驾驶的；

（7）明知是安全装置不全或者安全机件失灵的机动车辆而驾驶的；

（8）从事校车业务或者旅客运输，严重超速或者超载驾驶的；

（9）一年内因驾驶机动车辆违反交通运输管理法规受过行政拘留以上、三年有期徒刑以下刑事处罚的；

（10）为逃避法律追究而逃离事故现场或为减轻责任，伪造、变动事故现场的。

5.1.6.2　具有下列情形之一的，一般不适用缓刑：

（1）交通肇事后逃逸，被抓获归案的；

（2）事故发生后，由他人冒名顶替的；

（3）曾因交通肇事行为受到三年有期徒刑以上刑事处罚的；

（4）醉酒驾驶机动车，致一人以上死亡的；

（5）其他不适用缓刑的情形。

天津市高级人民法院
《简单一审民商事案件要素式审判指引（试行）》

为进一步优化司法资源配置，提高民商事案件审判效率，降低当事人诉讼成本，不断提升人民群众司法获得感和满意度，根据《中华人民共和国民事诉讼法》、最高人民法院《关于进一步推进案件繁简分流优化司法资源配置的若干意见》《关于印发部分案件民事起诉状、答辩状示范文本（试行）的通知》等法律及相关规定，结合天津法院审判工作实际，制定本指引。

1.【要素式审判方式】民商事案件要素式审判，是指对案件事实清楚、权利义务关系明确、当事人争议不大的类型化民商事案件，归纳案件事实要素，围绕有争议的要素进行开庭审理和制作裁判文书的审判方式。

2.【案件范围】以下简单一审民商事案件可以采用要素式审判方式：

（1）物业服务合同纠纷；

（2）民间借贷纠纷；

（3）机动车交通事故责任纠纷；

（4）离婚纠纷；

（5）劳动争议；

（6）买卖合同纠纷；

（7）金融借款合同纠纷；

（8）信用卡纠纷；

（9）保证保险合同纠纷；

（10）融资租赁合同纠纷；

（11）证券虚假陈述责任纠纷；

（12）其他适宜采用或者当事人同意采用要素式审判方式审理的民商事案件。

3.【程序要求】适用要素式审判方式审理的案件，原则上不再确定举证期、答辩期；当事人坚持举证期、答辩期的，应符合民事诉讼法及司法解释关于简易程序或小额诉讼程序的相关规定。

4.【物业服务合同纠纷案件审理要素】物业服务合同纠纷案件的审理要素包括：

（1）物业服务合同签订时间、主体；

（2）物业项目、物业费标准、服务期限、违约金、付款方式等合同主要内容；

（3）物业服务质量、物业费支付情况、催缴物业费等履行情况；

（4）诉讼请求及标的额计算方式。

5.【民间借贷纠纷案件审理要素】民间借贷纠纷案件的审理要素包括：

（1）达成借贷合意及签订借贷合同时间、主体；

（2）借款金额、期限、利息、罚息、借款用途、还款方式等约定情况，及出借人实际支付借款、借款人实际偿还本金及利息等履行情况；

（3）担保合同签订主体、担保范围、抵（质）押物、抵（质）押登记、保证方式、保证期间等；

（4）诉讼请求及标的额计算方式。

6.【交通事故责任纠纷案件审理要素】交通事故责任纠纷案件的审理要素包括：

（1）交通事故发生的时间、地点、涉事人员、车辆状况、人员及车辆受损、公安交通管理部门事故责任认定、人身伤亡或者财产损失鉴定等情况；

（2）交通事故人身损害、财产损失赔偿范围及所涉数额的计算依据；

（3）交通事故赔偿责任主体及赔偿范围、已获赔情况；

（4）投保人、保险人、保险时间、保险金额、保险险种、免责条款等机动车所投保险事项。

7.【离婚纠纷案件审理要素】离婚纠纷案件的审理要素包括：

（1）结婚时间、子女情况、离婚事由、之前有无离婚诉讼、是否涉及军婚等婚姻关系基本情况；

（2）夫妻共同财产范围、婚前（婚内）财产协议签订情况、共同债权及共同债务情况；

（3）子女抚养权、抚养费、探望权等子女抚养问题；

（4）是否存在应予判决离婚损害赔偿、补偿或经济帮助等情况。

8.【劳动争议案件审理要素】劳动争议案件的审理要素包括：

（1）劳动合同签订时间、主体；

（2）工作期间、工作岗位、工作地点、工时制及特殊工时审批、月工资标准及构成、工资发放形式等劳动合同主要内容；

（3）劳动者实际工作地点和岗位、入职和离职时间、工资发放形式和实发数额、加班时长和加班工资计算标准、社会保险办理时间及险种、未休带薪年休假、是否未签订书面劳动合同等劳动合同履行情况；

（4）解除或者终止劳动关系的原因和时间、办理劳动合同解除或终止手续、支付经济补偿或者经济赔偿金等情况；

（5）发生工伤时间、工伤认定结果、工伤伤残等级、停工留薪期限及发生的费用等工伤情况；

（6）劳动者提起劳动仲裁的时间、仲裁请求及仲裁结果等劳动仲裁情况，是否向中院申请撤销仲裁裁决。

9.【买卖合同纠纷案件审理要素】买卖合同纠纷案件的审理要素包括：

（1）买卖合同签订主体、时间、地点；

（2）标的物名称、数量、质量、交付、价款、付款时间、违约责任等合同约定及出卖人交付标的物及买受人支付价款的时间、方式、金额等履行情况；

（3）担保合同的签订主体、担保范围、

抵（质）押物、抵（质）押登记、保证方式、保证期间等；

（4）诉讼请求及标的额计算方式。

10.【金融借款合同纠纷案件审理要素】金融借款合同纠纷案件的审理要素包括：

（1）借款合同签订时间、主体；

（2）借款金额、期限、利息、罚息、复利、还款方式、实现债权费用负担等合同约定及借款发放、还款等履行情况；

（3）担保合同的签订主体、担保范围、抵（质）押物、抵（质）押登记、保证方式、保证期间等；

（4）诉讼请求及诉讼标的额计算方式。

11.【信用卡纠纷案件审理要素】信用卡纠纷案件的审理要素包括：

（1）信用卡申领时间、申领人；

（2）透支金额、利息、罚息、复利、滞纳金、违约金、手续费等信用卡领用合约的主要内容；

（3）银行对领用合约主要条款是否尽到提示、说明义务；

（4）逾期时间、逾期本金、息费等逾期还款及银行催收情况；

（5）诉讼请求及标的额计算方式。

12.【保证保险合同纠纷案件审理要素】保证保险纠纷案件的审理要素包括：

（1）保证保险合同签订时间、主体；

（2）保证保险合同约定的保证保险金额、保费、保险期间、保费缴纳方式、理赔条件、违约责任等；

（3）保险公司对主要条款是否尽到提示、说明义务；

（4）主合同履行、逾期还款情况及保证保险合同履行、追索情况；

（5）诉讼请求及标的额计算方式。

13.【融资租赁合同纠纷案件审理要素】融资租赁纠纷案件的审理要素包括：

（1）融资租赁合同签订时间、主体；

（2）租赁物的性质、权属等具体情况；

（3）租赁期限、租金及支付方式、到期后租赁物归属、加速到期条件、解除融资租赁合同条件、收回租赁物条件等合同约定及支付购买价款、交付租赁物、欠付租金数额、租赁物收回等履行情况；

（4）担保合同签订主体、担保范围、抵（质）押物、抵（质）押登记、保证方式、保证期间等担保情况；

（5）诉讼请求及标的额计算方式。

14.【证券虚假陈述责任纠纷案件审理要素】证券虚假陈述责任纠纷案件的审理要素包括：

（1）具体虚假陈述行为及实施日、揭露日、更正日、基准日等虚假行为的情况及监管部门的认定、处罚情况；

（2）虚假陈述的重大性；

（3）买入卖出等交易情况、虚假陈述与交易行为之间的因果关系；

（4）损失情况、虚假陈述与损失之间的因果关系；

（5）请求发行人的控股股东、实际控制人、董监高、相关责任人员及保荐机构、承销机构、律师事务所、会计师事务所等机构及相关责任人员承担连带责任的情况。

15.【要素式起诉状、答辩状填写】立案时，由立案部门法官助理或书记员引导、指导当事人填写要素式起诉状、答辩状。当事人坚持提交其他形式起诉状、答辩状的，应按当事人的选择予以接收。

16.【诉前调解】当事人填写要素式起诉状、答辩状后，可进行诉前调解或委派调解，委派调解时一并移送要素式起诉状、答辩状。当事人不同意调解或者委派调解不成的，应当及时将案件移送审判庭。

17.【要素式庭审】案件移送审判庭后，承办法官或法官助理在开庭审理前要梳理要素事实，确定争议事实。开庭时，对无争议的要素事实结合证据予以确认并记入庭审笔录；对有争议的要素事实进行陈述辩论、举证质证、调查询问，经当事人同意，可合并进行法庭调查和法庭辩论。

18.【审理中发现不适宜要素式审判】案件审理中发现事实和法律关系复杂、争议较大、社会关注度较高，或者当事人对采用要素式审判方式提出异议的，不再采用要素式审判。

19.【简式裁判文书】采取要素式审判的民商事案件可以根据案件类型、庭审情况，分别采用表格式、令状式、要素式等简式判决，简化当事人诉辩意见、事实认定和裁判理由。

20.【表格式判决】适用小额诉讼程序的案件，各方当事人对事实和诉讼请求无异议的，可采用表格式判决。表格式判决主要记载当事人基本信息、诉讼请求、裁判依据和裁判主文，省略事实认定、裁判理由。对裁判文书中省略的上述内容应在庭审中阐述并将审理过程用庭审录像或庭审笔录进行记录。

21.【令状式判决】适用小额诉讼程序的案件，争议较小的，可采用令状式判决。令状式判决主要记载当事人基本信息、诉辩意见、裁判理由和裁判主文，省略事实认定。

22.【要素式判决】不适用表格式判决、令状式判决的案件，可采用要素式判决。要素式判决对无争议的要素事实简单概括，围绕争议的要素事实记载当事人诉辩意见、事实认定、裁判理由及裁判主文。对当事人诉辩意见，主要记载诉讼请求、答辩意见及简要理由；对于事实认定，主要记载人民法院对当事人产生争议的事实和证据认定情况；对于裁判理由，主要针对事实和法律争点简要释法说理，明确法律依据。

23.【试行时间】本指引自发布之日起试行。

天津市高级人民法院　天津市知识产权局《关于开展知识产权纠纷行政调解协议司法确认工作的实施办法(试行)》

为深入贯彻落实《知识产权强国建设纲要(2021—2035年)》《关于强化知识产权保护的实施意见》以及《天津市知识产权保护条例》,健全完善多元化纠纷解决机制,强化知识产权司法保护与行政保护的有机衔接,提高纠纷解决效率,最大限度地满足人民群众对于知识产权保护的多元司法需求,依据《中华人民共和国民事诉讼法》《最高人民法院关于适用〈中华人民共和国民事诉讼法〉的解释》,结合天津工作实际,制定本实施办法。

一、知识产权纠纷行政调解的概念

知识产权纠纷行政调解是指知识产权行政机关或者法律法规授权的具有知识产权管理职能的组织(以下统称“行政机关”)根据当事人申请,通过协调、劝导、调停等方式,依法化解与本部门履职有关的知识产权民事纠纷的活动。

知识产权纠纷行政调解协议的内容应当符合法律、法规、规章的规定,不得损害国家利益、社会公共利益以及他人合法权益。

二、司法确认的行政调解协议类型

申请司法确认的知识产权纠纷行政调解协议,其内容应当为法律、法规、规章规定的可以由行政机关裁决或者调解的知识产权民事纠纷。具体包括:

1.专利侵权纠纷行政调解协议;

2.侵犯专利权、商标权赔偿纠纷行政调解协议;

3.职务发明创造的发明人、设计人奖励和报酬纠纷行政调解协议;

4.在发明专利申请公布后专利权授予前使用发明而未支付适当费用的纠纷行政调解协议。

行政调解协议的内容涉及知识产权确权的,不予司法确认。

三、司法确认的申请

经知识产权行政机关调解达成的行政调解协议,双方当事人可以自行政调解协议生效之日起三十日内，共同向主持调解的行政机关所在地具有知识产权案件管辖权的人民法院申请司法确认。一方当事人提出申请，另一方表示同意的，视为共同提出申请。

当事人申请司法确认，应当向人民法院提交司法确认申请书、行政调解协议、行政机关主持调解的证明材料、与行政调解协议相关的知识产权权利证明等材料、双方当事人的身份、住所、联系方式等基本信息，并签署承诺书。

承诺书应当载明以下内容：1.双方当事人出于解决纠纷的目的，在行政机关的主持下自愿达成协议；2.没有恶意串通、规避法律；3.没有损害国家利益、社会公共利益及他人合法权益；4.若因行政调解协议内容给他人造成损害的，愿意承担相应的法律责任。

四、立案审查

收到当事人的司法确认申请后，人民法院应对确认申请及时审查，对于符合受理条件的申请，编立“调确字”案号，案由为“申请确认调解协议效力”，并及时向当事人送达受理通知书。

五、司法确认案件的审查

审查过程中，应当通知双方当事人共同到场核实案情。经审查，认为当事人的陈述或者提交的证明材料不充分、不完备或者有歧义的，可以要求当事人限期补充陈述或者补充提交证明材料。必要时，人民法院可以向行政机关核实情况。

当事人无正当理由未在限期内补充陈述、补充提交证明材料或者拒不接受询问的，人民法院可以按撤回申请处理。

确认行政调解协议的裁定作出前，当事人撤回申请的，可以依法裁定准许。

六、司法确认裁定

人民法院经审查，认为行政调解协议符合法律规定的，裁定确认行政调解协议有效；认为行政调解协议不符合法律规定，或者行政调解协议存在瑕疵或歧义，足以导致实质性更改协议内容的，裁定驳回申请，当事人可以重新申请调解或者提起诉讼，但因笔误等造成瑕疵或者歧义的除外。

人民法院作出司法确认裁定后，应当及时将裁定书抄送主持调解的行政机关。

七、行政调解协议的执行

司法确认裁定作出后，行政机关应当督促当事人及时履行经人民法院裁定确认有效的行政调解协议。

人民法院作出的确认行政调解协议有效的裁定具有强制执行力。一方当事人拒绝履行或者未全部履行的，对方当事人可以向人民法院申请强制执行。

申请强制执行的当事人应当提交执行申请书、身份证明材料、民事裁定书及履行情况等材料。

八、建立信息通报制度

天津市高级人民法院与天津市知识产权局共同建立知识产权纠纷行政调解协议司法确认工作情况的通报制度。天津市高级人民法院定期将不予确认的情况通报天津市知识产权局。

本实施办法自印发之日起执行。

天津市高级人民法院　天津市住房公积金管理中心《关于建立协作联动机制的指引》

为进一步规范人民法院涉住房公积金执行案件的工作流程，加强法院与住房公积金管理中心的相互协调与配合，持续贯彻落实党中央、国务院关于优化营商环境的决策部署，深入践行市委、市政府“十项行动”工作要求，为我市优化营商环境、经济社会高质量发展提供有力司法服务和保障，根据《中华人民共和国民事诉讼法》、《住房公积金管理条例》、《天津市住房公积金管理条例》等相关法律法规以及最高人民法院、住房和城乡建设部等19个中央国家机关联合下发的《关于建立和完善执行联动机制若干问题的意见》等规定，经天津市高级人民法院（以下简称“市高院”）与天津市公积金中心（以下简称“市公积金中心”）就进一步完善涉住房公积金执行协作联动机制等问题进行沟通，结合工作实际，制定本指引，请遵照执行。

一、关于协助人民法院查询住房公积金

（一）住房公积金的查询原则上采取线上查询的方式，执行法院可通过“点对点”信息共享机制查询被执行人住房公积金账户基本信息、缴存信息、在先冻结信息等。

（二）执行法院根据案件需要，可以采取线下查询方式，至市公积金中心及所辖各区管理部查询被执行人住房公积金缴存和使用情况，市公积金中心及各区管理部应积极协助配合。

采取线下查询方式的，应当提供执行人员工作证或执行公务证、人民法院出具的协助查询文书（原件）等材料。

（三）市公积金中心各区管理部应就线下查询事项，提供相关资料的复印件并加盖印章。

被查询人员公积金如属于已被其他案件查封或公积金目前属于封存状态或存在住房公积金贷款尚未还清等特殊情况的，应当在查询回执中予以特别说明。

二、关于协助人民法院冻结住房公积金

执行法院根据案件需要，可以至市公积金中心及各区管理部冻结被执行人住房公积金账户资金。

（一）协助冻结的条件

经查询，被执行人没有尚未结清的本

市住房公积金贷款的，市公积金中心及各区管理部应当配合执行法院冻结被执行人住房公积金账户资金。

（二）冻结期限

执行法院冻结被执行人住房公积金账户资金的期限不得超过一年。

执行法院要求延长冻结期限的，应当在冻结期限届满前办理续行冻结手续，续行期限不得超过前述规定的期限。

（三）轮候冻结

对已被人民法院等有权机关冻结的被执行人住房公积金账户资金，执行法院因案件需要可以进行轮候冻结。轮候冻结顺序按照法院等有权机关办理冻结手续的时间先后顺序确定。

冻结解除的，登记在先的轮候冻结依照登记顺位依次自动生效。

（四）协助冻结的材料要求

执行法院冻结被执行人住房公积金账户内资金的，应当提供以下材料：

1.执行人员工作证或者执行公务证；

2.裁定书（原件）；

3.协助执行通知书（原件）。应载明被执行人的个人身份信息、冻结的起止日期及冻结金额。

（五）冻结回执

市公积金中心及各区管理部办理冻结手续后，应向执行法院出具冻结回执。回执中应明确被执行人公积金账户冻结的情况，如属轮候冻结的，应明确在先冻结信息及轮候顺序；如属不能冻结的情况，应向执行法院出具无法冻结回执，并注明原因。

三、关于协助人民法院扣划住房公积金

（一）执行法院在对被执行人住房公积金账户予以冻结后，根据案件需要，拟扣划被执行人住房公积金账户内资金的，应当先对案件予以甄别，分情况处理。

1.据以执行的生效法律文书中，明确了住房公积金分配方式或数额的，执行法院可直接到市公积金中心及各区管理部扣划被执行人的住房公积金。

2.刑事涉财案件中的“罚金”、“没收财产”、“责令退赔”判项的执行，需扣划被执行人住房公积金的，执行法院需查明被执行人确无其他财产可供执行并提供刑事判决书副本，书面报请市高院执行局审核批复同意后，持市高院同意扣划被执行人住房公积金的函，到市公积金中心及各区管理部扣划被执行人的住房公积金。

3.执行法院在执行过程中查明，被执行人系退休、死亡（宣告死亡）情形的，执行法院可持被执行人退休或死亡证明，直接到市公积金中心及各区管理部扣划被执行人的住房公积金。

4.除上述1、2、3类情形外的其他执行案件，经执行法院对被执行人的财产依法进行“四查”（调查被执行人名下的银行存款、登记在被执行人名下的房屋和土地等不动产、登记在被执行人名下的机动车辆、登记在被执行人名下的股权情况）后，认定被执行人确无可供执行的财产（案件涉及多个被执行人的，全部被执行人均应符合无财产可供执行的情形），且被执行人符合下列情形之一的，执行法院应当书面报请天津市高级人民法院执行局审核批复同意后，持市高院同意扣划被执行人住房公积金的函，到市公积金中心及各区管理部扣划被执行人的住房公积金：

（1）市公积金中心及各区管理部查询回执中显示，被执行人公积金属于因解除劳动合同关系致公积金封存状态的；

（2）法院认为应当扣划公积金的其他情形。

（二）报请天津市高级人民法院执行局审核需提供如下材料：

1.关于报请天津市高级人民法院执行局扣划被执行人住房公积金账户内资金的请示（请示中应明确执行依据内容、四查财产情况、需扣划住房公积金的被执行人基本情况、执行过程、冻结情况及拟提取公积金账户户名及数额）；

2.据以执行的生效法律文书副本；

3.被执行人的"四查"财产清单（一般应提供近六个月内网络执行查控系统查询的被执行人财产清单）；

4.市公积金中心及各区管理部出具的查询回执；

5.被执行人公积金已冻结的相关材料。

（三）执行法院扣划被执行人的住房公积金，应当向市公积金中心及各区管理部出具执行裁定书、协助执行通知书、市高院同意扣划被执行人住房公积金的函和市公积金中心及各区管理部要求提供的其他相关材料。

（四）市公积金中心及各区管理部受理执行法院扣划手续后，应当向执行法院出具扣划回执。

四、关于协助人民法院解冻住房公积金

（一）执行法院根据案件需要，可以至市公积金中心及各区管理部解除对被执行人住房公积金账户内资金的冻结措施。

冻结期限届满且执行法院未要求继续冻结的被执行人住房公积金账户内资金，自动解除冻结。

（二）执行法院解除冻结职工个人住房公积金账户资金的，应当提供以下材料：

1.执行人员工作证或者执行公务证；

2.协助执行通知书（原件）；

3.裁定书（原件）。

（三）市公积金中心及各区管理部办理解除冻结手续后，应当向执行法院提供解冻回执。

五、其他规定

（一）执行法院提供的执行裁定书、协助查询通知书、协助执行通知书等法律文书，内容应清晰明确，无涂改。如确因特殊情况需改动的，在执行现场修改后，执行人员应在所有修改处签字，并在法律文书空白处注明修改原因。

（二）市公积金中心及各区管理部对执行法院要求冻结事项有异议的，应当先协助办理冻结措施，再启动执行联动机制协商解决。如对执行法院的扣划措施有异议的，可暂缓执行扣划措施，待联动机制协商解决后，再决定是否扣划。

六、建立、完善协助联动机制

（一）市高级人民法院与市公积金中心建立协作联动机制及联席会商制度，定期召开联席会议，及时总结完善工作机制和实践做法，共同推动协作联动工作顺利开展。

（二）市高级人民法院执行局执行一庭与市公积金中心政策法规处、归集执法处负责具体对执行程序中产生的问题协调处理，确保协作联动各项工作有序进行。

（三）本指引仅适用于天津市行政区域内的执行法院查询、冻结、扣划被执行人在天津市行政区域内的住房公积金。

（四）本指引未尽事宜由双方通过联席会议协商解决。

孙某、徐某、邹某、罗某、刘某、刘某伟诈骗，周某、李某、江某、高某、沈某、张某非法经营一案

天津市高级人民法院刑事裁定书

（2021）津刑终75号

原公诉机关天津市人民检察院第二分院。

上诉人（原审被告人）孙某，男。2018年4月14日因本案被刑事拘留，同年5月21日被逮捕。现羁押于天津市第一看守所。

指定辩护人徐禄，天津击水律师事务所律师。

上诉人（原审被告人）邹某，男。2018年4月13日因本案被刑事拘留，同年5月18日被逮捕。现羁押于天津市第一看守所。

辩护人李因凤，北京市广银律师事务所律师。

上诉人（原审被告人）罗某，女。2018年4月14日因本案被刑事拘留，同年5月21日被逮捕。现羁押于天津市公安局监所管理总队女子看守所。

辩护人范彦斌，天津卫津律师事务所律师。

上诉人（原审被告人）周某，女。2018年5月15日因本案被拘传，同年5月16日被刑事拘留，同年6月15日被逮捕。现羁押于天津市公安局监所管理总队女子看守所。

辩护人胡德斌，北京市信凯律师事务所律师。

辩护人杜冰，北京市大都律师事务所上海分所律师。

原审被告人徐某，男。2018年4月13日因本案被刑事拘留，同年5月18日被逮捕。现羁押于天津市第一看守所。

原审被告人刘某，男。2018年4月14日因本案被刑事拘留，同年5月21日被逮

捕，2019年11月26日被取保候审。2021年2月23日被监视居住。2021年8月19日被本院取保候审。

原审被告人刘某伟，男。2018年4月14日因本案被刑事拘留，同年5月21日被逮捕，2020年1月13日被取保候审。2021年2月22日被监视居住。2021年8月19日被本院取保候审。

原审被告人李某，男。2018年6月20日因本案被刑事拘留，同年7月24日被逮捕。2021年9月19日被本院取保候审。

原审被告人江某，女。2018年5月15日因本案被拘传，同年5月16日被刑事拘留，同年6月15日被逮捕。2021年11月14日被本院取保候审。

原审被告人高某，女。2018年5月16日因本案被刑事拘留，同年6月15日被逮捕。2021年8月15日被本院取保候审。

原审被告人沈某，女。2018年5月16日因本案被取保候审，2018年10月11日被逮捕。2021年10月10日被本院取保候审。

原审被告人张某，男。2018年5月15日因本案被拘传，同年5月16日被刑事拘留，同年6月15日被逮捕，2021年3月14日被取保候审。2021年11月18日被本院取保候审。

天津市第二中级人民法院审理天津市人民检察院第二分院指控原审被告人孙某、徐某、邹某、罗某、刘某、刘某伟犯诈骗罪，原审被告人周某、李某、江某、高某、沈某、张某犯非法经营罪一案，于2021年6月16日作出（2019）津02刑初196号刑事判决。原审被告人孙某、邹某、罗某、周某不服，提出上诉。本院受理后，依法组成合议庭。经过阅卷、讯问上诉人、原审被告人，并听取辩护人的意见，认为本案事实清楚，决定不开庭审理。现已审理终结。

原审法院判决认定：

一、被告人孙某、邹某、罗某、刘某、刘某伟伙同徐某实施诈骗的事实。

2017年5月至2018年4月间，被告人孙某、邹某、罗某以“KD集团”（以下简称KD平台）、“AK集团”（以下简称AK平台）、“FA平台”（以下简称FA平台）为载体，以公司形式组建电信网络诈骗犯罪集团。被告人徐某系KD平台、AK平台两个虚假平台的持有人、使用人。被告人刘某、刘某伟及闵某、何某、梁某、许某、温某、王某、周某、孙某超、刘某凯、胡某、王某1等人系孙某等人组建的犯罪集团成员。

2017年5月，被告人孙某与被告人邹某创建QG公司，招募被告人罗某等人，利用KD平台、AK平台、FA平台以发展代理商的形式，进行诈骗活动。后孙某与何某、王某、刘某凯、邹某等人，创建JS公司、JYT公司、CF公司、SLG公司等，雇佣人员利用上述平台实施诈骗活动。

被告人孙某等人指使犯罪集团成员使用虚假身份，在互联网上以婚恋、交友等名义结识被害人并骗得其信任，或者通过开设直播间等方式，谎称能够帮助被害人通过KD平台、AK平台、FA平台进行“国际贵金属”、“国际期货”、“国际外汇”等交易获利，诱骗众多被害人到上述平台入金，进入KD平台、AK平台的被害人资金经第三方支付通道转移至被告人徐某控制的银行账户中，进入FA平台的被害人资金经第三方支付通道转移至孙某控制的银行账户中。孙某等人使用公司业务员骗取来的被害人平台账号和密码，在平台系统后台进行人为调控，编造交易数据，制造交易假象，欺骗被害人，非法占有被害人资金。徐某与孙某犯罪集团以非法占有的被害人资金数额为基础作为计酬依据，按照一定比例分成。在诈骗过程中，孙某对上述公司进行实际控制，负责操纵平台系统制造被害人资金损失假象；徐某作为KD平台、AK平台的实际控制人，对两个平台内被害人入金、出金进行审核和发放，并帮助孙某集团对被害人资金进行虚假操作。被告人邹某负责招商、三方支付对接、客户投诉处理、部分直营公司成立等工作。被告人罗某负责人员招聘以及平台数据的统计、传送、工资核算等工作。孙某、徐某、邹某、罗某采取上述方式通过KD平台、AK平台骗取被害人资金共计68808957.02元。孙某、邹某、罗某通过FA平台骗取被害人资金共计16374168.03元。

被告人刘某、刘某伟分别于2017年10月、2018年3月加入孙某等人组建的犯罪集团，刘某系直营公司的业务员，刘某伟系股票直播间负责人。刘某、刘某伟通过编造单身成功人士虚假身份，以婚恋交友名义骗取被害人信任，并获得其平台账号和密码，同时通过直播方法推广交易平台。2017年11月至2018年4月间，刘某先后诱骗被害人董某、张某、刘某到上述平台开设账户并投资，分别骗取董某357512.19元、骗取张某19998.69元、骗取刘某12997.8元。刘某伙同刘某伟以同样手段骗取被害人杨某4999.33元。

2018年4月13日，被告人孙某、徐某、邹某、罗某、刘某、刘某伟被抓获归案。在案件审理过程中，刘某退赔被害人经济损失132150.61元，刘某伟退赔被害人经济损失4999.33元，上述钱款分别由天津市第二中级人民法院和天津市河北区人民法院扣押在案。

一审法院认定上述事实的证据有：

1.受案登记表、立案决定书、传唤证、拘留证、逮捕证、取保候审决定书、案件来源、到案经过及情况说明等证明：2018年1月26日10时，董某向天津市公安局河北分局（以下简称公安河北分局）报警，称其于2017年11月通过婚恋交友网站结识一名自称“颜某成”的男子，经过微信交流后，该男子以帮助其挣钱为由，提供链接并指导其在外汇交易平台下载APP，注册个人账户、设置密码，后其先后汇入37万余元；其间，该男子以其不懂操作为由，要走账户密码，称代为操作交易，后其于2018年1月24日登陆账户，发现账户只剩1万余元后，怀疑被骗，遂报警。

公安河北分局经调查，确定“颜某成”真实身份为刘某，系以微信聊天获取被害人信任后，将被害人骗进外汇、贵金属交易平台内实施诈骗的团伙成员之一。2018年2月1日，公安河北分局决定对董某被骗一案立案侦查；经侦查，发现该团伙主要成员孙某、邹某、罗某、徐某等人，在江西省南昌市紫峰大厦、云中城大厦、新立方大厦及沈阳、安徽滁州等地租房、开办公司，雇用多人进行诈骗活动。同年4月13日，在江西、安徽、沈阳、南京、广东等地公安机关协助下，侦查人员在江西省南昌市抓获孙某、罗某、刘某、刘某伟，在广东省东莞市抓获徐某，在江苏省南京市抓获邹某，将上述人等传唤至当地公安机关进行讯问，并对涉案场所及人员进行搜查，扣押大量手机、电脑等物证。孙某被抓获后，表示争取立功和从轻处理，当场使用手机联系在外的何某，约何某到附近体育场见面后，带领民警前往体育场，并指认何某，后民警将何某当场抓获。同日，徐某、邹某被刑事拘留。次日，孙某、罗某、刘某、刘某伟被刑事拘留。

经对刘某、刘某伟审讯及查阅扣押的手机，公安河北分局发现刘某帮助刘某伟伪造“黄某迈”身份，以同样方式骗取苏州杨某钱款5000元。经联系，苏州市公安局相城分局于2018年4月27日对杨某被诈骗案立案侦查。

2.搜查证、搜查笔录、扣押决定书、扣押清单、电子证据检验报告、电子证据检查笔录、电子证据检查工作记录等证明：2018年4月13日，公安机关对刘某及其所在的江西省南昌市云中城大厦2301室、1706室进行搜查，从刘某处扣押小辣椒牌手机1部、苹果牌手机1部、电脑主机1台，从手机中发现“黄某迈”、“颜某成”身份证照片；从刘某伟处扣押苹果牌手机1部、电脑主机1台；从高某涛处扣押小米牌手机1部、电脑主机1台。

同日，公安机关从徐某处扣押苹果牌手机1部、三星牌手机1部、联想牌笔记本电脑1台。从上述三星牌手机微信中，发现与“孙总（南昌）”关于“养”客户的对话内容；从孙某处扣押8848牌手机1部、联想牌笔记本电脑1台。从上述8848牌手机中，发现“女号定位”、“男号定位”、“如何养活一个微信号”等话术内容，以及记录“AKFA总创收、公司开销、提成”等内容的账单；从邹某处扣押手机1部，从罗某处扣押OPPO牌手机1部、华为牌笔记本电脑1台。

3.微信聊天记录证明：孙某、徐某、邹某、罗某等人的微信聊天内容。其中，有关于罗某与徐某联系调整平台设置，使员工看不到客损的内容。有关于孙某与徐某联系“杀”客户30万元，徐某要求“稳一点，不要让客户有投诉”；孙某称“国际对冲可以滑点，到时候他要赚钱滑死他”，徐某回答“可以”；孙某称“统一拉爆”，徐某要求提供密码后又回答“客户已经爆完”；孙某问“滑几个点给平掉啊”，徐某回答“才亏1000多，给平掉？”；孙某称“你负责技术，我负责市场”，徐某回答“嗯”等内容。

4.徐某电脑内关于KD平台的发放账目、JM公司的流水、JH公司的“代付KD”流水以及徐某账户交易流水等证明：涉及KD平台的出入金以及被害人入金钱款直接汇入徐某直接控制的账户，出金则直接转入徐某、闵某、李某明等人名下，未进行实质的外汇交易的情况。

5.远程勘验工作记录及情况说明证明：2017年4月29日9时至5月1日16时，公安机关对涉案网站进行远程勘验，在登入被告人罗某供述的相关后台账号后，下载并提取了全部“客户信息”、“资金报表”、“入金报表”、“出金报表”、“交易记录”等信息。

6.JS公司、MB公司账户交易流水等证明：涉及FA平台的出入金情况。

7.相关银行提供的刘某、张某账户交易明细证明：2017年12月28日至2018年1月5日，刘某名下尾号6147建行卡向JM公司先后转账4999.67元、2998.46元、4999.67元，共计12997.8元。2018年1月18日至3月9日，张某名下尾号2718招行卡向GFB公司先后转账4999.67元、4999.67元、4999.67元、4999.67元，共计19998.68元。

8.公安机关提供、出具的工商信息及情况说明证明：何某系JS公司股东、总经理；周某系CF公司股东、执行董事、法定代表人，吴某阳为该公司监事；魏某系QG公司股东、执行董事、法定代表人；刘某凯系SLG公司股东、执行董事、法定代表人，乔某为该公司监事；洪某系JYT公司股东、法定代表人。未找到“LGYX”工商注册信息。

9.被害人董某陈述：2017年11月17日，其在某网站上认识一名叫“颜某成”的男子（即刘某），自称是ZT公司中层管理人员，能帮助炒汇，建议其投资。同年11月21日晚上，其按照“颜某成”通过邮箱发来的链接，注册会员并下载APP操作平台，交给“颜某成”操作。11月27日至12月12日，其陆续通过建行卡转入203388.2元，但一直亏损，其就不想再做了。2018年1月，“颜某成”又说有个新平台挺稳定的，其就又按照他发来的网址注册，并先后在1月12日至15日投入共计167325元，交给“颜某成”操作。同年1月24日，其发现新平台账户里只剩1999美元，就申请出金，1月29日其账户收到退回的13193元。新平台手续费是每手50美元，“颜某成”为其操作了56手，手续费共计2800美元。

董某提供的其与“颜某成”微信聊天记录截图、ICAN平台入金记录截图及建设银行提供的董某账户交易明细证明其损失数额为357512.19元，相关被骗及转款经过与其陈述相印证。

10.被害人杨某陈述：2018年4月，其在某网站上认识一名叫“黄某迈”的男子，自称在中投公司工作，负责管理公司股权和外汇项目，建议其利用他的专业知识和资源炒外汇挣点钱，其同意。之后，“黄某迈”通过QQ给其发来一个远程链接，帮其注册了MT5账户。同年4月11日，其通过自己建行账户入金约5000元，后来和“黄某迈”就联系不上了，其想从平台上把钱取出来但是始终取不出来。

杨某提供的其建行账户转账4999.33元的交易明细、电脑截图及其与“黄某迈”微信聊天记录截图与其陈述相印证。

11.同案犯闵某供述：其是FA公司销售总监，公司主要做炒外汇的业务，用的平台先后有KD、AK、FA。公司老板是孙某、邹某以及一个姓张的，其中孙某负责平台和第三方支付，邹某负责客户招商，张总负责软件培训。罗某负责公司财务。其负责对外招募代理商，下面有两个组，公司通过发展代理商，由代理商吸引客户在外汇买卖平台上投资，公司和代理商会千方百计地使投资者亏损。FA公司把FA平台的权限放大给代理商，并且提供技术支持。代理商如果碰到不懂买卖外汇的投资者，就会在平台内虚构另一投资者的身份与投资者在平台内“对赌”，也就是在平台内买卖外汇，造成投资者在平台内亏损。投资者的资金亏损50%后，系统就会强制平仓。实际上，就是FA公司和代理商通过在FA平台的后台操作，使投资者在平台上亏损。代理商挣得多，FA公司也挣得多，营销团队相应赚的提成也多。

其团队一共招募了100多个代理商，具体名单都在其与肖某武、雷某松的办公电脑里。其中，其招募的代理商有周某生、吴某、孙某龙、崔某龙、熊某旺、汪某、胡某、唐某；肖某武个人招募的有张某、路某、袁某月、李某学，他和熊某鑫共同招募的有曾某平、王某；熊某鑫个人招募的有刘某强、李某虎、徐某、冯某科，他和熊某共同招募的有汪某金、丁某；雷某松个人招募的有范某宇、梁某、杨某程，他和吴某权共同招募了陈某华、钱某芬，他和丑某共同招募了王某、郭某、刘某兰，他和欧某月共同招募了刘某凯、杨某，他和汪某生共同招募了周某，他和陶某共同招募了孙某。

12.同案犯雷某松供述：其在FA外汇平台招商公司工作，公司以前叫过AK，主要经营炒汇业务。公司老总是孙某、邹某，行政主管是罗某，招商主管是闵某。招商一部负责人叫肖某武，其是招商二部的负责人，下面有欧某月、丑某、吴某权、陶某等人。公司招来代理商，由代理商去发展下线客户，公司和代理商一起赚客户的钱，客户在平台上赔钱越多，公司和代理商赚的钱就越多，而客户炒汇的输赢由孙某负责控制。一般代理商有70%至90%不等的返佣，剩下的利润是公司的，公司会给业务员提成，其可以拿手下业务员4%的提成。

13.同案犯丑某供述：其在FA外汇平台招商公司工作，该平台主要经营炒外汇、贵金属、原油的业务，以前叫AK。公司老总是“孙总”和“邹总”、行政主管是罗某、招商主管是闵某、招商一部负责人叫肖某武，他下面还有熊某鑫、熊某、黄某峰等人。招商二部的负责人叫雷某松，他下面有其与欧某月、欧某君、吴某权、陶某等人。其司在网站上招代理商，向代理商提供MT5软件，代理商加入平台后发展下线客户骗钱。下线客户亏钱或者每交易一手，其司和代理商就都有钱赚。其司和代理商属于合作关系，代理商找客户，公司给代理商返提成，代理商一般拿七八成利润，公司拿剩下的利润。其发展一个代理商，如果他发展的客户在平台有外汇交易，并且客户亏钱的话，公司就会给其提成。其入职以来一共成了3单，分别是刘某兰、庞某兵和王某，其拿到了3000多元提成。

14.同案犯熊某鑫、肖某武、吴某权、欧某月、王某、陈某华的供述与闵某、雷某松、丑某的供述相印证。

15.同案犯王某供述：2017年6月，其到QG公司工作，后被孙某提拔为经理。2018

年2月，公司改名为SF公司。其手下业务员分为两组，一组组长是王某丰，组员有王某、李某亮；另一组组长刘某，组员张某红、何某。冯某飞、谢某兰、黄某丹负责招聘、前台接待和考勤等行政工作。公司的业务员在网络上将自己包装为成功人士，通过婚恋网站交友，打感情牌骗取对方的信任，谎称自己做金融投资，借机向对方推荐炒外汇的产品，再让客户投钱到其公司使用的FA、AK、KD等平台，并骗取对方的用户名和密码。一般情况下客户开始都是少量投资，公司就采取“养”的方式让他获利，然后客户会因为获利追加投资，如果业务员认为客户没有再追加投资的意向了，就会向其汇报，其告诉孙某，孙某会根据情况“杀”，就是在后台操作让对方亏损，一般让对方亏掉80%，不会让他全损失。其和业务员再按照一定比例从中提成。

16.同案犯王某丰、王某、李某亮、刘某、何某、张某红关于入职QG公司后，虚构身份，诱骗他人到涉案平台上入金炒汇，骗取他人钱款的供述与王某的供述相印证。

17.同案犯刘某凯供述：其与胡某、李某瀚、张某然（即张某）、乔某、李某、吕某达、王某和陈某等人曾在DF公司做外汇业务，骗取客户入金后通过后台操作，骗取客户钱款。

后因DF公司不分红，其等决定出去单干，遂成立SLG公司，并联系到AK公司的孙某，他们提供平台，利润二八分成。SLG公司下设两个子公司，一个是YY公司，总经理是张亮，总监是乔某；另一个是ST公司，法人和经理都是王某。其等利用AK平台做外汇，由孙某团队操作，使客户亏损，公司从而盈利。

18.同案犯胡某、张某、王某、吕某达、乔某、李某、杨某丽、蒋某、林某涛、崔某辉、郑某龙、谷某、耿某奇、王某硕、王某雨、石某、陈某、张某铭、刘某等人的供述与刘某凯的供述相印证。

19.同案犯许某供述：JYT公司法人是洪某，幕后老板是孙某。公司客户的钱都在平台里，员工工资、提成等由孙某分配，罗某负责核算提成。公司业务是利用相亲平台、婚恋网及微信等社交软件，虚构身份获取他人的信任，而后引导该人投资外汇，先期孙某会在后台操作让客户盈利，业务员再引导客户多投入资金，当资金投入到一定程度后再“杀单”，就是让客户账户的资金亏损，这一步也是由孙某后台操作的，亏损情况视客户的资金多少而定，一般不会将资金杀成零，但是也会有90%以上的亏损。公司有三个团队，其团队下面的经理有何某超、官某、洪某，他们下面的业务员有文某、包某。另外还有两个团队分别由温某、纪某圣负责。

20.同案犯温某供述：JYT公司的法人是洪某，实际负责的是孙某。公司的业务员利用虚假身份信息在某网站注册征婚，专门以离异或丧偶的中年妇女为目标，通过微信聊天，以交友结婚为幌子，取得对方信任，让对方在AK平台投资炒外汇，再骗取对方账号、密码，由公司老板通过操控平台上盘面行情走势造成客户的资金亏损，公司的盈利就是客户的亏损。2018年年初，其被提升为公司团队经理，手下有伍某庆、方某鸣等人。其曾和刘某通过上述方式，骗了天津的董某约40万元。此外，公司还有许某、纪某圣两个团队。

21.同案犯方某鸣的供述与温某的供述相印证。

22.同案犯张某俊、朱某博、范某昌供述：其等均为JYT公司纪某圣团队的业务员。具体工作是通过微信包装虚假网络身份，在某网站等婚恋网站注册账号，寻找单身、工资高的中年女性互加微信好友，按照公司提供的话术样本，先从聊感情入手，骗取对方的信任后再聊金融投资方面的话题，最后引导客户在平台上炒外汇。客户在平台注册后，其等会把骗取到的客户账号、密码交给团队经理，之后具体杀单等工作由他们负责，最终造成客户财产损失。

23.同案犯洪某、官某等人关于入职JYT公司后，虚构身份，诱骗他人到涉案平台上入金炒汇，骗取他人钱款的供述与许某等人的供述相印证。

24.同案犯孙某超供述：其是LGYX公司总经理，公司实际管理人是孙某，他负责公司的全部事务，包括客户的“养”和“杀”。“养”就是让客户通过平台先赚点小钱，让他继续投资；“杀”就是等客户钱投入平台比较多的时候把客户的钱亏掉。公司表面上是找客户投资外汇，实际上就是骗取客户的钱。其与宋某文是业务主管，欧某宝和高某玲是业务员，业务员负责在网上找客户加微信，向客户推荐外汇平台，客户感兴趣后，其和宋某文负责向客户解释外汇业务，吸引客户向公司指定平台投资，并骗取客户在平台内注册的账号信息及密码，掌握客户的情况，及时传送给孙某，孙某在平台内操作，决定客户的赔和赚。

25.同案犯宋某文、欧某宝、高某玲与孙某超的供述相印证。

26.同案犯何某供述：其是JS公司法人，但公司是孙某出资注册的，他是老板，罗某主要为孙某负责行政工作。JS公司有3个部门，其负责一部，部门经理叫梁某，梁某带的人有张某亚、蒋某鹏等；二部负责人是朱某帅，部门经理是朱某志；三部负责人是汪某，部门经理是蒋某帅。其在公司的工作就是设置激励考核制度，培训公司员工利用网络虚构身份，找一些有一定经济实力的中年女性，以交友为诱饵骗取对方的信任，再让这些客户在孙某的平台上投资外汇，骗取客户高额交易手续费或本金。2018年4月13日，其因涉嫌诈骗罪被刑事拘留。

27.同案犯梁某、刘某、蒋某帅等人的供述与何某的供述相印证。

28.同案犯周某供述：其是CF公司法人，吴某阳是公司的实际领导，负责和上面公司的孙总对接。公司员工还有熊某华、赖某俊等人，其是总监，陈某鹏是组长，其他都是组员。公司员工在征婚网站注册账号，虚构身份，冒充成功人士，寻找征婚的男性或女性，通过微信与对方聊天，骗取对方的信任，怂恿对方在FA外汇平台上投资，再由上面公司操作平台，骗取对方投资的钱。

29.同案犯陈某鹏、胡某、赖某俊、帅某的供述与周某的供述相印证。

30.同案犯高某涛供述：2018年，刘某伟将其招进CF公司，其主要工作是将刘某伟提供的客户电话发给业务员，由业务员添加客户微信，再拉到其建的微信群里，然后其在微信群里冒充股票分析师介绍股票行情，推荐客户到直播间听课，在直播间再向客户推荐孙总的炒汇平台、黄金交易平台，但直播间刚开始干，目前还没有进行到那一步。

31.被告人徐某供述：2017年，其租得ICAN平台中国区的代理权，这个平台主要做在线外汇、黄金金融产品，但平台本身不负责到市场进行外汇和黄金买卖。用户可以从网上下载客户端，注册后购买平台上的金融产品，相关资金进入与代理公司合作的第三方支付平台，如果客户赚钱，第三方平台将资金打回给客户，如果客户赔钱了，资金就打给客户的介绍人。ICAN平台的后台基本由其操作，可以调整交易佣金，调高平台上的金融产品标价，增加客户的交易成本。其在国内就孙某一个下级代理，他负责运营和招揽客户，其负责客服和技术问题，孙某在南昌、沈阳、南京、安徽等地有他的下级代理公司，罗某和一个姓邹的人都是他的下级。孙某揽来的客户在平台上交易一手，其收取6.5美元佣金，其中3美元返给平台，其留下3.5美元后，其余的钱都返到孙某提供的第三方支付平台账户。具体流程是，每周或每半个月，孙某那边给其一份返款的报表，其按报表向他们提供的支付平台账户打钱，然后他们点击出金，其再通过支付平台向关联账户打款。后期，其帮孙某“养”过两三个客户，就是让客户感觉挣点钱。

32.被告人孙某的供述及辨认笔录证明：2017年5月，其在南昌高新区云中城开办公司，代理徐某的KD平台，当时挂了个牌子，叫KD公司。同年10月，其将公司搬到紫峰大厦办公，徐某将KD平台名称换成了AK平台，就叫AK公司了。在代理AK平台之初，其和邹某、闵某、罗某合伙成立公司招代理商，还成立了几家公司搞直营，其负责和平台对接和账目钱款的事情，邹某和闵某负责招商，罗某作为行政主管负责做报表分钱，分钱的时候其和邹某、闵某拿业务提成，罗某只拿固定收入。主要流程是先招揽业务员，培训他们通过微信交友等骗取被害人信任，让被害人在平台上注册投资，然后假装代替被害人操作，把被害人的账户和密码骗来让其操作，其会先利用徐某给的免除手续费和“点差”的权限，让被害人先挣点钱，让他们继续投钱，这叫“养”客户，徐某也帮忙“养”过。等到客户的钱都投进来了，其再操作客户平台，假装炒作失败，钱全赔光，这就叫“杀”，其实客户的钱一直在第三方支付平台，根本没有进行真正的交易，这些钱经徐某审核同意，会通过第三方支付平台分过来，大概徐某分到10%，剩下90%会到其公司，其再和下面公司分，下面公司最后分给骗钱的业务员提成。此外，平台上每笔交易会收50美元手续费，徐某从中挣6.5美元，剩下43.5美元其公司留下。后来，因为AK平台使用的第三方支付平台有时候会冻结账户出金，其找到PR公司的张某，从他们公司以每月8250美元租用了FA平台，这样每笔50美元的手续费都是自己的，还可以自己审核出金。在张某公司谈平台的事情时，其见到了他们公司的"李总"（经其辨认，其确认"李总"即为李某），李总简单讲了他们公司挺有实力之类的话就走了，具体业务是其与张某谈的。

所谓招代理商，就是组织那些干诈骗的人，让他们代理这个平台，其公司收取手续费的提成，他们具体怎么骗就不管了，这样操心的事情就很少，具体闵某招了多少代理商其不清楚。所谓直营，就是其与他人直接合伙出钱，招人去骗人进平台，其再操作客户的账户"养"和"杀"，虽然比较累，但赚钱多。其共计入股直营五家公司，其中，其和何某各投资一半成立JS公司；其和洪某合伙成立JYT公司，有许某、纪某圣、温某三个团队；其和吴某阳各投资一半成立CF公司，平时由周某负责；其和王某合伙也用CF公司的名字；其和洪某各投资一半成立JJ公司，准备让刘某凯去经营，没开业就被抓了。另外，还有一个直播间团队，负责人是刘某伟，也是其和洪某各投资一半，但直播方式还没骗成，刘某伟通过交友的方式骗了客户入金，其还帮他"养"过客户。

其在AK平台使用的是弟弟孙某阳的一张建行卡，还有邹某提供的雷某普名下银行卡，在邹某手里，使用的第三方支付包括蚂蚁、长城、盛付通。后来，其在FA平台也用孙某阳和雷某普的银行卡，还找了亲戚赵某军、顾某丽、陈某、李某柱的中行卡以及罗某的建行卡、招行卡，使用的第三方支付是SD，在SD平台注册商户号用的是MB公司和JS公司。其诈骗所得还债花了200多万元、买了一辆奥迪A6轿车交了20多万元首付、投资开公司花了60多万元，加上平时花销，剩下没多少钱了。

33.被告人邹某供述：2017年5月，其和孙某、罗某等成立KD公司。同年10月，其和孙某从徐某处代理AK平台，此后又租用了FA平台。其和闵某是副总经理，开始其负责招商，闵某来公司后，招商就由他负责，其只负责监督行政主管罗某给公司招业务员，肖某武和雷某松是业务组长。AK和KD两个平台说是可以炒外汇和贵重金属，客户每交易一手都扣除50美元手续费，但客户的钱其实一直在第三方支付账户里，并没有参与交易，手续费加上客户炒作赔的钱，就是其等赚的钱，大家按比例分钱。其公司代理平台后，再招下级代理，代理商会雇人、租房子、买电脑，让雇来的人冒充一些事业成功的男性，在婚恋网站找那些中年妇女聊天、诱骗感情，让这些人投钱，再诱惑她们取得信任，要来账号和密码，假意帮忙炒作，让这些人小赚几次，骗她们投更多的钱，最后孙某在后台做个假交易，让这些人的钱全部赔掉，客户在操作界面上看到的是交易赔钱了，也没什么话可说，其实客户的钱一直在第三方支付的账户里，这个时候其等就可以把钱分了。AK平台里客户每笔50美元的手续费中，徐某扣除6.5美元，剩下

43.5美元加上客户的损失，徐某会通过第三方支付平台打给孙某，其公司与代理商按照招商时谈的比例分，一般其公司分5%至10%，剩下给代理商，其公司分的钱款扣除房租、水电以及给闵某团队的工资奖金等费用后，其与孙某四六分，罗某只是每月拿5000元工资，不参与提成。FA平台的手续费都是其公司的，公司每个月给平台8000美元租金。除了招代理商之外，孙某还和洪某、何某、王某、刘某凯等合作做直营。

34.被告人罗某供述：2017年5月，其应聘至KD公司做前台。同年9月，改做审核专员。10月，公司名称换成AK公司。2018年2月，其成为公司行政主管。其一直拿固定工资，没有提成。KD公司负责人有孙某、邹某、闵某。这家公司主要是利用炒外汇和贵金属的假平台骗钱，其中一个平台是孙某从徐某处代理的，叫KD，后来改叫AK，还有一个FA平台是孙某从上海的张总处租的。公司代理KD平台后，由闵某领导他手下的业务员招下级代理商，代理商雇人冒充成功男性，在婚恋网上聊天，骗取一些女性的信任，然后引诱她们在平台上注册、交易，进而以代为炒作帮忙挣钱为由，骗取被害人账户密码，先让被害人挣点钱，看被害人没什么钱可以投了，就假装炒作失误，让钱全部赔掉，其实这些钱一直都在第三方支付平台，根本没有交易。此外，被害人每交易一笔会有50美元手续费，其中6.5美元徐某留下，剩下43.5美元，连同被害人亏损的钱，会返给孙某，孙某再和代理商分。由于孙某从AK平台提出钱，需要徐某审核同意，有时候第三方支付平台还可能冻结账户，所以孙某就租用了FA平台，这个平台可以由孙某自己审核提款，只要被害人的钱进入第三方支付平台，孙某就会审核通过，让其把这些钱提出来，存入他指定的银行卡中，需要给代理商返钱时，其按照孙某要求再做分钱的表，发给邹某、闵某他们审核同意，其再把钱通过第三方支付转给代理商。除了做表之外，其还负责监督公司前台，让他们打电话给闵某招业务员，这些业务员工作就是给公司招代理商。

35.被告人刘某供述：2017年10月底，其进入CF公司担任业务员，每天工作内容就是冒充成功人士，在婚恋网上找单身女性交友聊天，骗取对方信任，让对方在其公司的AK平台或FA平台上投资炒外汇，再以帮对方炒作为由将账户密码要过来，交公司主管温某用于操控平台数据，骗取对方本金或者高额手续费。其刚进入公司时，上级领导依次为“大圣”、洪某、孙总（即孙某），后来其又按洪某要求，分别到温某团队和刘某伟的股票直播间工作。从2017年11月至案发，其一共骗了四个人到公司平台入金。其中，2017年11月，其用昵称为“老颜”微信号骗了天津的董某入金36万元左右；2018年1月左右，其还是用“老颜”微信号骗了陕西延安的刘某入金1.3万元，骗了天津的张某入金2万元，前三次温某共给其5万元提成；其还帮刘某伟以“黄某迈”的假身份，骗了江苏的杨某用她女儿唐某账户入金5000元。

36.被告人刘某伟供述：2018年3月，其与CF公司的孙总合作成立股票直播间，主要工作是把投资者引入孙总的交易平台，再通过后台操作，使投资者赔钱，骗取他们的资金。为此，其招聘了高某涛、彭某、张某年等人，孙总也将他以前的业务员刘某派了过来，但直播间一直没有业绩。3月底，其在某网站上以“黄某迈”的假身份，加了苏州一个姓杨的女子，并加了微信好友，由于其不会聊天，就让刘某帮忙，后刘某让该女子入金5000元，要来了账号和密码，其又将账号和密码给了孙总，让孙总帮忙操作，算是直播间的业绩。

37.刑事判决书证明：何某、温某等同案犯被天津市河北区人民法院判处刑罚的情况。

二、被告人周某、李某、江某、高某、沈某、张某实施非法经营的事实。

2016年2月，被告人周某、江某注册成立上海A公司（以下简称BT公司），公司经营范围主要为资产管理、投资咨询等。周某系BT公司实际控制人，负责公司全面工作；江某系法定代表人、执行董事兼总经理；被告人李某系公司监事；周某、李某与江某共同负责公司的运营。被告人高某系财务负责人，负责公司账目记录、财务报销以及公司人员工资的核算、发放等；被告人沈某系公司客服经理，负责对接客户、结算月租费用、统计系统交易情况以及联系处理系统问题等工作；被告人张某系销售组长，负责对外联络拓展市场、开发客户等工作。

2016年下半年，被告人周某在BT公司未经国家有关主管部门批准下，决定利用所谓的外汇保证金交易平台亦即PR平台开展业务，寻找客户或者通过发展二级代理商方式吸引客户在该平台上进行交易。此外，BT公司还对有需求客户（白标公司），通过提供MT4、MT5软件或者第三方支付平台、帮助联系海外公司注册等方式，通过PR公司协助白标客户搭建独立运营的外汇交易平台。白标公司成立后，独立运营，以自己的名义招揽公众在其平台上投入资金进行交易。2018年年初，BT公司协助孙某的犯罪集团搭建FA平台。BT公司从发展的客户、代理商或者协助搭建的白标公司收取搭建费、流量费等费用。上述被告人则通过发展的代理商或者白标公司，按所持公司股权分红和领取薪酬。

经审计，2016年9月至2018年4月BT公司共发展白标公司70家，涉案金额共计折合人民币19475778.67元，对应收入折合人民币6491926.24元。其中，被告人张某个人涉案金额折合人民币1006647.28元，对应收入折合人民币335549.09元。

2018年5月至6月，被告人周某、江某、张某、沈某、高某、李某陆续被抓获归案。

一审法院认定上述事实的证据有：

1.拘传证、拘留证、逮捕证、讯问笔录、案件来源、到案经过及情况说明等证明：公安河北分局在侦查系列诈骗案件过程中，发现BT公司老板周某及员工张某、江某、沈某有作案嫌疑。经工作，2018年5月15日在上海市抓获被告人周某、江某、张某、沈某，同年6月20日在北京市抓获被告人李某。此外，高某因本案于2018年5月16日被刑事拘留。

2.搜查证、搜查笔录、扣押清单等证明：2018年5月15日，公安机关对张某及其办公地点进行搜查，扣押笔记本电脑1台、苹果牌手机1部、小米牌手机1部；对周某及其办公地点进行搜查，扣押笔记本电脑1台、苹果牌手机1部、ACLFX合作协议书1份；对江某及其办公地点进行搜查，扣押笔记本电脑1台、手机1部；对沈某及其办公地点进行搜查，扣押笔记本电脑1台、苹果牌手机1部。同年5月18日，公安机关从高某处扣押笔记本电脑1台，手机1部，从电脑中发现有关BT公司经营白标业务收入统计表，从手机中发现有关周某要求高某通知工作人员对电脑进行格式化操作的内容。

3.电子数据检验工作记录、侯某芳账户交易明细、关于BT公司账务收支情况的司法会计初步查证意见、人民币汇率中间价等证明：案发后，司法会计公司对BT公司账务收支情况进行司法会计查证。查证情况为，根据高某使用的电脑数据，2016年9月至2018年4月，BT公司为ACL（PR）公司开展“白标”公司业务，涉及客户70名，经手业务经理22人，产生2962970.6美元（其间，人民币兑换美元汇率中间价最低为100美元兑换人民币627.64元）和人民币878990元的业务量（共计折合人民币19475778.67元），BT公司从中可得1/3的收入，即987656.87美元和人民币292996.67元（共计折合人民币6491926.24元）。其中，张某于2016年9月至2018年4月个人经手的业务费用共计107655.6美元和人民币135000元，与他人共同经手的业务费用31221.35美元（共计折合人民币1006647.28元，对应收入折合人民币335549.09元）。2016年4月至2018年5月，BT公司收入共计人民币27294409.81元，其中ACL汇入24713980.01元，另有加盟费、入股费、牌照费、注册费等收入；支出26281546.04元，其中周某分红11624682.41元、江某分红3123670.6元、李某分红860000元、张某分红46000元、沈某分红11500元。

4.相关银行提供的李某、梅某鹏账户交易流水证明：李某名下尾号4312交行账户、梅某鹏名下尾号6895招行卡交易情况。

5.上海市宝山区市场监督管理局提供的工商登记资料证明：BT公司系成立于2016年2月14日的有限责任公司，股东为江某（占股20%）、周某（占股80%），江某为该公司法定代表人、执行董事兼总经理，李某为该公司监事，高某为公司财务负责人。该公司经营范围为投资管理、资产管理、投资咨询、财务咨询、企业营销策划、市场营销策划、商务信息咨询、企业管理咨询、市场信息咨询与调查、实业投资、文化艺术交流策划、展览展示服务、设计、制作各类广告。

6.同案犯高某供述：BT公司老板是周某，法定代表人是江某。公司有两个市场部门，其是一个组的组长，组里还有张某羔、谢某等。另一个组组长是张某、梅某鹏，业务员有周某、高某、吴某磊等。沈某负责平台技术方面的联系，与PR总部对接。高某负责财务和行政，负责员工的入职、签约、工资审核。李某是周某的丈夫，参与公司的日常管理，平常来公司，周某不在时，员工也会向他汇报问题，公司业务很多都是由李某和周某最后拍板。BT公司的主要业务是茶品牌和外汇保证金交易平台。这个平台的总部和后台服务器位于日本东京，是个MT4交易系统，名字就叫PR公司，BT公司是PR的国内推广商和宣传商（一级代理），负责在国内开发下一级代理，再由下一级代理发展客户。PR公司从每一手交易中收取12%-15%的点差，其中约6个点给二级代理公司，剩余的由平台和BT公司再分。BT公司业务员的工作主要是在网上寻找一些公司，向对方介绍PR这个外汇交易平台，有意向的客户就继续跟进，确认后将对方身份证和账户发给PR公司，然后平台以邮件方式跟这些二级代理联系。日本方面每天都以邮件形式将报表发给公司，报表会显示每天入金量、哪个公司入的金，公司业务员也是根据这个报表来结算佣金。白标业务就是BT公司将客户的境外营业执照账户、国内法人护照等材料发给PR总部申请资质，实际上是从PR平台划分的一个系统，由客户自己起名，让客户投资炒外汇，BT公司从中收取系统流量费和搭建平台的费用。白标公司不可以控制外汇汇率的波动情况，但可以控制交易成本的点差。白标公司通过BT公司完成平台搭建后，会吸引投资者到平台投资。正规的平台，投资者的钱进入受监管的账户进行托管，在白标公司的平台，投资者的钱进入白标公司控制的第三方支付通道及个人账户内，不受监管。此外，正规交易平台投资者参与国际对冲，平台赚取的费用是手续费和佣金，投资者的损失和平台没有关系。白标公司设立的交易平台可以指定投资者在B通道进行虚拟交易，投资者在该通道内的所有投资交易都是虚拟的，不参与国际对冲，投资者的损失都成为白标公司的盈利。BT公司隔一段时间就会给公司里骨干成员发奖金，说是业绩分红。2018年四五月，周某在听说其司代理的一家白标公司被调查后，要求员工把办公电脑全部格式化。

同案犯张某羔、谢某（均系BT公司员工）等人的供述与高某的供述相印证。

7.被告人周某供述：2016年上半年，其与江某创办BT公司，主营PR公司的代理、维护、系统搭建等业务，PR公司经营的是贵金属、外汇、指数业务。其在公司担任总经理，江某是法定代表人及行政负责人，其爱人李某在公司挂职，高某是人事财务总监，业务员分两组，一组有高某、梅某、张某羔等人，另一组有张某、吴某磊、梅某鹏等人。2018年1月，孙某找张某为他们公司搭建白标平台，双方建立业务关系后，张某负责业务咨询和沟通，沈某负责技术对接，高某负责海外公司注册，江某负责筛选海外公司名称，其等相互配合，于同年3月为孙某公司搭建了FA平台，BT公司收取搭建费8万元，另外每月收取6250美元租赁费，如果每月交易量超过3000手，再收取每手0.5美元流量费，BT公司还负责系统维护。公司利润由其决定分配。

8.被告人李某供述：其与周某是夫妻。

2015年，其和周某、江某去注册了BT公司，其和周某占公司80%股份，江某占20%股份。其在公司挂职董事长、监事，周某是公司总经理，负责全面工作。江某是公司法定代表人，高某是行政财务主管，沈某是技术主管，张某是业务经理。BT公司是做白标公司业务的，就是向客户租赁境外炒汇平台，收取租金。白标公司不是合法的，BT公司具体搭建多少个白标公司其不清楚。公司分配利润时，基本都打入周某账户，有一次打入其账户20万元。

9.被告人江某供述：2015年，其与周某、李某夫妇合伙成立BT公司，其占股20%，担任法定代表人，但公司大股东和实际控制人是周某、李某夫妇，高某是人事财务总监，沈某是技术总管，张某是业务经理。BT公司主营业务是给PR公司招代理商、招白标公司给他们提供软件平台。白标公司业务就是给客户提供技术平台、联系第三方支付公司和协助他们在海外注册公司，所谓技术平台就是给客户提供MT4软件，该软件后升级为MT5，是给客户炒外汇的平台，这个平台的外汇数据是真实的，但操作是虚拟的，被害人的资金并没有去炒汇，而是通过第三方支付平台转入白标公司老板手里。而所谓的海外注册公司是对白标公司的包装，实际是克隆海外公司的名字，以便被害人能够通过网络查到，让被害人确信是炒外汇的公司，一般其负责在网上搜索海外炒汇公司，提供给张某，由张某供白标公司选择，然后周某再指定高某对接海外代办公司为白标公司注册。为此，BT公司会收取白标公司6万元至12万元的平台搭建费，然后每月收取四五千美元的流量费等费用。其不清楚BT公司搭建过多少白标公司，但其曾给江西一个孙姓客户提供过海外公司名称，后期业务主要是由张某对接。

10.被告人高某供述：BT公司老板是李某，总经理是周某，法定代表人是江某，技术主管是沈某，其是行政人事主管。公司有两个销售经理，一个是张某，他的副手是梅某鹏，另一个是高某，他的副手是张某羔。公司的实际业务是给客户租炒汇平台，平台是PR公司的，一般管这种租的平台叫白标，因为周某说公司出租的MT4、MT5平台是套牌，对客户说起来就用白标代替，公司给客户租白标平台，提供第三方支付平台，从中赚取租用费。按照周某要求，客户租平台的钱和服务费都打到PR公司指定的侯某芳个人账户上，PR公司有时候也会使用侯某芳账户向BT公司使用的周某、江某、张某羔、周某芳账户支付佣金。2018年年初，江某通知其，说张某有个叫孙某的客户要租炒汇平台，需要注册一个境外公司，让其联系一下，其从张某处拿到客户资料后，发给我国香港地区联系人，给孙某注册了FA公司，这个公司名称是江某从网上找来，让客户挑选的。

11.被告人沈某供述：BT公司的老板是周某、李某夫妇，江某是法人，张某是业务经理，高某负责行政工作，其是业务主管，负责平台技术对接。这家公司主营业务是招募代理白标外汇交易平台收取佣金，其司提供给白标公司的软件有清算和非清算两种形式，清算就是与国际市场对冲，非清算都是虚拟的，不参与国际市场对冲，投资者的资金进入的是白标公司的第三方支付平台，没有实际去炒汇，这样就形成了白标公司与投资人的对赌形式，投资人亏的钱就是白标公司的盈利。白标公司搭建完成后，需要向平台方支付费用，平台方会将其中1/3返给BT公司。2018年2月，张某说他新招的客户孙某要使用公司的MT5平台和注册白标公司，后孙某向公司指定的侯某芳账户汇款7万元。具体注册流程是，张某将推荐公司的名称等信息给孙某，孙某选好后，连同他提供的护照信息给张某，周某安排高某联系香港代办注册公司，香港代办再将注册的FA公司营业执照快递给孙某，孙某将执照扫描件传给其，由其传给PR公司，PR公司向MDK公司提交软件授权申请，公司审核后，由PR公司将网址域名、下载链接及组别权限等发给其，其再转发给孙某，并向孙某提供技术数据支持。这种白标平台可以修改点差数据、交易数据，还可以任意添加第三方支付平台用于入金、出金，这些功能都不受监管。被抓前几天，周某说孙某出事了，让公司职员把重要文件存到U盘上，再把电脑格式化。

12.被告人张某的供述及辨认笔录证明：BT公司主要业务范围包括为PR公司在国内招代理商、招白标公司及茶饮等业务。其是BT公司的业务组长，副组长是梅某鹏。周某负责公司全面工作，江某是公司法人，管人事和业务，高某是公司行政财务主管，沈某是技术主管。2018年1月，孙某找其为他们公司搭建白标平台，其向周某汇报后，周某表示同意并指挥其等为孙某搭建白标平台，其中，其负责业务咨询和沟通，沈某负责技术对接，高某负责海外注册，江某负责筛选海外公司名称，最后在3月底给孙某公司搭建了FA平台。具体办理流程是，江某先找几个海外炒外汇公司的名字，由其发给孙某，孙某选好FA这个名字后，把资料发过来，周某让其将资料提供给高某，由高某联系香港那边注册公司，后续由沈某跟孙某对接。为此，BT公司收取系统搭建费8万元，并收取平台租赁费每月6250美元，如果交易量超过三千手，另行收取每手0.5美元的流量费。FA平台实际是一个前台，用来吸引被害人投资入金，被害人入到平台的钱没有真正去炒外汇，而是通过第三方支付公司直接转到孙某手里，不会进行真正的交易，但平台中的外汇数据是真实的，是和国际上一致的。

13.刑事判决书证明：谢某、梅某、朱某飞、姜某楠、吴某磊等同案犯被上海市长宁区人民法院判处刑罚的情况。

原审法院认为，被告人孙某、徐某、邹某、罗某、刘某、刘某伟以非法占有为目的，虚构事实、隐瞒真相，骗取他人财物，其中孙某、徐某、邹某、罗某骗取财物数额特别巨大，刘某骗取财物数额巨大，刘某伟骗取财物数额较大，其六人的行为均已构成诈骗罪。孙某、邹某、罗某、刘某、刘某伟伙同他人为实施电信网络诈骗犯罪而组成较为固定的犯罪组织，是犯罪集团。孙某在该犯罪集团中起组织、策划、指挥作用，系首要分子，应当按照集团所犯全部罪行处罚。孙某为实施电信网络诈骗，多次更换平台，不断发展下线代理商，其主观恶性深、人身危险性大；其诈骗数额高达8500余万元，被害人众多，严重侵害人民群众财产权利，严重破坏社会诚信，严重影响人民群众安全感，社会危害性大。其虽能如实供述自己的罪行，协助公安机关抓捕同案犯，具有立功表现，但其作为犯罪集团首要分子，协助公安机关抓捕的为同案地位、作用较次的犯罪分子。综合考虑其犯罪的事实、性质、情节和对于社会的危害程度，尚不足以对其从轻处罚。邹某在该诈骗集团中起主要作用，是主犯，且属于骨干分子，应当按照其所参与的全部犯罪从严惩处。罗某在诈骗集团中起次要作用，是从犯，可依法减轻处罚。刘某、刘某伟在该犯罪集团中起次要作用，是从犯；其二人到案后能够如实供述自己的罪行，且能够退赔被害人损失，有悔罪表现，可依法从轻处罚，其中，可对刘某依法宣告缓刑。徐某为孙某诈骗集团提供平台使用，并直接参与制造被害人资金亏损假象，对孙某等人实施诈骗起到重要作用，是主犯，应当按照其所参与的全部犯罪处罚。被告人周某、李某、江某、高某、沈某、张某违反国家规定，未经国家有关主管部门批准，变相非法经营外汇业务，扰乱金融市场秩序，其中周某、李某、江某、高某、沈某情节特别严重，张某情节严重，其六人的行为均已构成非法经营罪。在共同非法经营过程中，周某起主要作用，是主犯；李某、江某、高某、沈某、张某起次要作用，均是从犯。周某、江某、高某、沈某、张某到案后均能够如实供述自己的罪行，认罪悔罪，其中，江某还揭发了同案犯李某共同犯罪事实。综合上述六人各自具有的法定、酌定量刑情节，对周某、张某可依法从轻处罚，对李某、江某、高某、沈某可依法减轻处罚。对于周某等人非法经营外汇业务的违法所得，应当依法予以追缴。考虑BT公司分红并非全部源于非法经营所得，故相关追缴数额应在涉案人员所得分红数额基础上，结合非法经营所得占BT公司全部收入的比例，予以确定。鉴于周某系主犯，决定违法所得的分配使用，且其所获分红数额显著超过公司其他人员，故对于其余部分，应当责令周某退赔。综上，依照《中华人民共和国刑法》第二百六十六条、第二百二十五条、第二十五条第一款、第二十六条、第二十七条、第六十七条第三款、第六十八条、第七十二条、第七十三条、第五十二条、第五十三条、第五十七条、第五十九条、第六十四条以及《最高人民法院、最高人民检察院关于办理诈骗刑事案件具体应用法律若干问题的解释》第一条，《最高人民法院、最高人民检察院关于办理非法从事资金支付结算业务、非法买卖外汇刑事案件适用法律若干问题的解释》第二条、第三条、第四条，《最高人民法院关于处理自首和立功具体应用法律若干问题的解释》第五条、第六条之规定，判决如下：被告人孙某犯诈骗罪，判处无期徒刑，剥夺政治权利终身，并处没收个人全部财产。被告人徐某犯诈骗罪，判处有期徒刑十三年，并处罚金人民币一百万元。被告人邹某犯诈骗罪，判处有期徒刑十四年，并处罚金人民币一百二十万元。被告人罗某犯诈骗罪，判处有期徒刑九年，并处罚金人民币五十万元。被告人刘某犯诈骗罪，判处有期徒刑三年，缓刑四年，并处罚金人民币六万元。被告人刘某伟犯诈骗罪，判处有期徒刑一年九个月，并处罚金人民币三千元。被告人周某犯非法经营罪，判处有期徒刑六年，并处罚金人民币四百五十万元。被告人李某犯非法经营罪，判处有期徒刑三年三个月，并处罚金人民币三十万元。被告人江某犯非法经营罪，判处有期徒刑三年六个月，并处罚金人民币一百万元。被告人高某犯非法经营罪，判处有期徒刑三年三个月，并处罚金人民币六万元。被告人沈某犯非法经营罪，判处有期徒刑三年，并处罚金人民币五万元。被告人张某犯非法经营罪，判处有期徒刑二年十个月，并处罚金人民币四万元。在案退赔款项按比例依法发还相关被害人，不足部分责令被告人孙某、徐某、邹某、罗某、刘某继续退赔，并按比例发还。继续追缴本案非法经营违法所得人民币6491926.24元，上缴国库。其中，向被告人江某追缴人民币742959元、向被告人李某追缴人民币204549元、向被告人沈某追缴人民币2735元、向被告人张某追缴人民币10941元。其余部分，责令被告人周某退赔。扣押在案的作案工具手机、电脑等物品，依法没收。

一审判决宣判后，被告人孙某、邹某、罗某、周某不服，提出上诉。

孙某上诉称原判事实不清，量刑过重，1.本案涉案金额是涉案人员共同构成，一审判决全部认定在其身上；2.其负责提供平台，其他涉案人员提供团队，他们本身就有公司，其没有指使他人欺骗客户信任，其不懂营销，没有起到组织、策划作用；3.其协助抓捕同案犯，一审法院没有从轻处罚，希望二审法院依法改判。孙某辩护人认为，1.涉案三个平台存在资金归集的情况，且案发后FA平台的资金被外地公安机关冻结，因此对于涉及FA平台的数额未造成被害人实际损失；2.孙某到案后协助公安机关抓获其他犯罪嫌疑人，有立功表现，且始终认罪；3.孙某无前科劣迹，系初犯、偶犯，希望二审法院对其从轻处罚。

邹某上诉称原判与事实不符，量刑过重，1.其不是主犯，不懂业务，不参与公司管理，只是做了一些无关紧要的事情，如开车接送客户，陪客户吃饭等；2.涉案资金不符；3.其没有参与筹办直营公司；4.其没有负责投诉、技术对接、对接第三方平台公司；5.其没有参与搭建平台。希望二审法院依法改判。邹某辩护人认为，一、一审判决认定邹某是整个犯罪集团骨干分子，是主犯的证据不足，1.邹某只投资了QG公司，且只基于投资获得极少的利益；2.邹某不了解业务，没有参与具体业务，只负责接待、会客等临时性非业务工作；3.邹某只对闵某进行过面试，之后未对任何人进行过招商；4.关于第三方支付的对接，其只是向孙某提供了其朋友的账户；5.邹某没有参与涉案直营公司的成立工作，所有涉案直营公司都与邹某无关。二、一审判决认定邹某的犯罪数额错误，邹某不应对直营公司的犯罪承担责任；希望二审法院对邹某从轻处罚。

罗某上诉称原判量刑过重，罚金过高。罗某辩护人认为，1.罗某系正常应聘入职，系被孙某骗进犯罪当中，替孙某进行一些犯罪辅助工作；2.罗某的相关工作系孙某指派，相当于助理，与诈骗没有直接关联性，没有参与任何一个诈骗犯罪流程；3.罗某只拿工资，没有获得诈骗的任何提成和红利；4.罗某主观恶性和人身危险性小，系初犯，归案后主动交代，配合调查，建议二审法院在一审判决基础上减轻处罚。

周某上诉称，原判量刑过重，对于违法所得数额直接认定为非法经营数额，没有计算成本有异议；对于周某违法所得的承担部分的认定远超过实际分红比例，违法所得的追缴超过周某经济退赔能力。周某辩护人认为，1.周某主观上存在错误认识，对经营外汇业务犯罪认识不足；2.本案认定违法所得时应扣除经营成本；3.一审法院判处罚金过高，周某退赔金额过高；4.周某认罪认罚，愿意退赔所有非法收入，希望二审法院对周某从轻处罚。

原审被告人徐某辩解称原判部分事实不清，量刑过重，1.其不知道孙某等人实施诈骗犯罪，仅提供平台和技术支持等，不具有诈骗的主观故意；2.其没有参与组织、策划、预谋及招聘培训等，仅被动提供平台和服务，所起作用非常小，应为从犯；3.其通过本案获得的不法利益非常小，一审判决认定其应承担的犯罪数额过高；4.一审判决认定其提供虚假平台错误，希望二审法院对其从轻处罚。

原审被告人张某对定罪没有意见，但辩解称原判量刑过重。

原审被告人刘某、刘某伟、李某、江某、高某、沈某对一审判决的定罪量刑均表示没有异议。

上诉人孙某、邹某、罗某、周某及其各自辩护人、各原审被告人在本院审理期间均未提供新的证据材料，本院经二审审理查明的事实和证据与原判一致。

针对上诉人、原审被告人、辩护人发表的意见，本院根据已查明的事实和证据，综合评判如下：

1.对于上诉人孙某、邹某及各自辩护人所提原判认定的涉案资金与事实不符，涉案三个平台存在资金归集、涉及FA平台的数额未造成被害人实际损失，应认定未遂等辩解理由及辩护意见，经查，首先，根据已收集在案的被害人陈述、发放账目、第三方支付公司提供的账户交易流水以及相关电子数据等证据，可以计算出被害人在AK平台的出入金差额和KD平台、FA平台出金流入孙某及其代理商等人实际控制的账户的数额，上述出入金差额与实际流入孙某及其代理商相关账户的出金之和，即应认定为孙某整个电信网络诈骗犯罪集团的诈骗犯罪数额。本案在案证据并未显示涉案三个平台之间存在互通的情况，且按照上述计算方式，也不存在重复计算的问题。因此，公诉机关及一审法院按照上述方式计算及核实出的本案涉案诈骗犯罪数额准确，证据充分。其次，本案在案证据证明，孙某等人诱骗被害人到FA平台进行所谓投资，其目的即为非法占有被害人的投资钱款。而且，被害人（也即投资人）投入FA平台的钱款通过第三方支付通道很快即转入孙某等人公司账户后，已被转入孙某实际控制的个人账户内。此后孙某等人制造投资亏损的假象，只是使被害人信以为真、放弃追索，以掩盖涉案钱款已被非法占有的事实。因此，自被害人钱款进入被告人实际控制的账户时，诈骗行为即实行终了，依法应认定为犯罪既遂。综上，上诉人孙某、邹某及其各自辩护人所提辩解理由及辩护意见与事实不符，故本院不予支持。

2.对于上诉人孙某及辩护人所提原判事实不清，量刑过重等相关辩解理由及辩护意见，经查，孙某伙同他人以非法占有为目的，虚构事实、隐瞒真相，骗取他人财物，其中孙某骗取财物数额特别巨大，其行为已构成诈骗罪。孙某伙同他人为实施电信网络诈骗犯罪而组成较为固定的犯罪组织，是犯罪集团。孙某在该犯罪集团中起组织、策划、指挥作用，系首要分子，应当按照集团所犯全部罪行处罚。孙某为实施电信网络诈骗，多次更换平台，不断发展下线代理商，其主观恶性深、人身危险性大；其诈骗数额高达8500余万元，被害人众多，严重侵害人民群众财产权利，严重破坏社会诚信，严重影响人民群众安全感，社会危害性大。一审法院认定上述事实的证据有公安机关出具的案件来源、到案经过、搜查证、搜查笔录、扣押决定书、扣押清单、电子证据检验报告、电子证据检查笔录、电子证据检查工作记录、孙某等人微信聊天记录、徐某电脑内关于KD平台的发放账目、JM公司的流水、JH公司的“代付KD”流水以及徐某账户交易流水、远程勘验工作记录及情况说明、JS公司、MB公司账户交易流水、公安机关调取的JS公司、CF公司、QG公司、SLG公司、JYT公司等工商信息、被害人董某、杨某等陈述、同案犯闵某、雷某松、丑某、王某、刘某凯、许某、温某、孙某超、何某、周某、徐某、邹某、罗某等供述等证据，孙某在侦查阶段亦做过多次有罪供述，一审法院认定孙某等人实施电信网络诈骗犯罪的事实清楚，证据确实、充分，足以认定。孙某虽具有立功表现，但其作为犯罪集团首要分子，协助公安机关抓捕的为同案地位、作用较次的犯罪分子。综合考虑其犯罪的事实、性质、情节和对于社会的危害程度，尚不足以对其从轻处罚。一审法院根据孙某犯罪事实、犯罪性质、社会危害程度、地位、作用及相关情节对其定罪准确，量刑适当。综上，孙某及辩护人的辩解理由及辩护意见与事实及法律相悖，且缺乏证据支持，故本院不予采纳。

3.对于上诉人邹某及其辩护人所提原判与事实不符，量刑过重等相关辩解理由及辩护意见，经查，本案在案证据充分证明，在整个电信网络诈骗活动中，邹某负责招商、三方支付对接、客户投诉处理、部分直营公司成立等工作。邹某虽然形式上是孙某QG公司的合伙人，但其在涉及KD平台、AK平台、FA平台的诈骗活动中负责处理客服投诉、与徐某进行对接、参与FA

平台搭建等工作，并且在被抓获时正筹备直营公司的运营事宜，其理应对涉及三个平台的诈骗数额承担责任。邹某在该诈骗集团中起主要作用，是主犯，且属于骨干分子，应当按照其所参与的全部犯罪从严惩处。一审法院根据邹某犯罪事实、犯罪性质、社会危害程度、地位、作用及相关情节对其定罪准确，量刑适当。综上，邹某及其辩护人相关辩解理由及辩护意见与事实及法律不符，故本院不予采纳。

4.对于上诉人罗某及其辩护人所提罗某系正常应聘入职，替孙某做一些犯罪的辅助工作，原判量刑过重等相关辩解理由及辩护意见，经查，本案在案证据证明，在本案电信网络诈骗犯罪活动中，罗某按照孙某的指示和安排，负责人员招聘，三个涉案平台（KD、AK、FA）数据的统计、传送、犯罪团伙成员工资报酬核算等工作。罗某在诈骗集团中起次要作用，是从犯，可依法减轻处罚。一审法院根据罗某犯罪事实、犯罪性质、社会危害程度、地位、作用及相关情节对其定罪准确，量刑在法定幅度内并无不当。罗某及其辩护人的辩解理由及辩护意见与事实不符，故本院不予采纳。

5.对于上诉人周某及其辩护人所提原判量刑过重，原判认定违法所得数额应扣除成本，原判判处的罚金数额及追缴退赔数额过高，希望二审法院对其从轻处罚等辩解理由及辩护意见，经查，第一，本案在案证据证明，上诉人周某伙同他人违反国家规定，未经国家有关主管部门批准，变相非法经营外汇业务，扰乱金融市场秩序，其中周某犯罪情节特别严重，其行为已构成非法经营罪。在共同非法经营犯罪中，周某起主要作用，是主犯。第二，在案证据证实，2016年9月至2018年4月BT公司共发展白标公司70家，涉案金额为19475778.67元，对应收入为6491926.24元，依法应分别认定为被告人周某、李某、江某、高某、沈某的非法经营数额和共同违法所得。其中，张某涉案金额为1006647.28元，对应收入为335549.09元，依法应分别认定为张某的非法经营数额和与周某等人的共同违法所得。因涉及时间较长，BT公司所得美元收入与汇率无法一一对应，故本着有利于被告人的原则，采用上述期间中人民币对美元汇率中间价最低值计算，原审法院认定的非法经营数额及违法所得数额准确，证据充分，符合相关法律规定。第三，根据刑法规定，对于犯非法经营罪的，应当并处或者单处违法所得1-5倍罚金。原审法院判处周某罚金数额，符合法律规定。第四，根据法律规定，对于周某等人非法经营外汇业务的违法所得，应当依法予以追缴。但是鉴于BT公司分红并非全部源于非法经营所得，故相关追缴数额应在涉案人员所得分红数额基础上，结合非法经营所得占BT公司全部收入的比例，予以确定。鉴于周某系主犯，决定违法所得的分配使用，且其所获分红数额显著超过公司其他人员，故对于其余部分，应当责令周某退赔。原审法院判决各被告人追缴及退赔数额符合法律规定，并无不当。综上，一审法院根据周某犯罪事实、犯罪性质、社会危害程度、地位、作用及相关情节对其定罪准确，量刑适当，判处罚金及追缴退赔数额符合法律规定。周某及其辩护人的辩解理由及辩护意见与事实及法律相悖，且缺乏证据支持，故本院不予采纳。

6.对于原审被告人徐某所提其不具有诈骗的主观故意，原判部分事实不清，量刑过重等辩解理由，经查，首先，徐某作为KD平台、AK平台实际控制人，可对后台数据进行操作，还可对平台交易佣金、金融产品标价等关键设置进行调整，其为获取不法利益，将上述平台提供给孙某使用，配合并直接参与制造被害人资金亏损假象，因此，徐某具有诈骗的主观故意。其次，本案在案证据证明，在孙某犯罪集团实施电信网络诈骗活动中，徐某负责对两个平台内被害人入金、出金进行审核和发放，并帮助孙某集团对被害人资金进行虚假操作。徐某的行为对孙某犯罪集团实施诈骗活动起到了至关重要的关键性作用，应对涉及KD、AK两个平台的诈骗犯罪及其犯罪数额承担责任。综上，一审法院根据原审被告人徐某犯罪事实、犯罪性质、社会危害程度、地位、作用及相关情节对其定罪准确，量刑适当。徐某的辩解理由与事实及法律不符，故本院不予采纳。

7.对于原审被告人张某所提原判量刑过重的辩解理由，经查，本案证据证明，张某伙同他人违反国家规定，未经国家有关主管部门批准，变相非法经营外汇业务，扰乱金融市场秩序，其中被告人张某个人涉案金额折合人民币1006647.28元，对应收入折合人民币335549.09元，张某属情节严重，其行为已构成非法经营罪。在共同非法经营过程中，张某起次要作用，是从犯。张某到案后能够如实供述自己的罪行，认罪悔罪，可依法从轻处罚。综上，一审法院根据原审被告人张某犯罪事实、犯罪性质、社会危害程度、地位、作用及相关情节对其定罪准确，量刑适当。张某的辩解理由与事实及法律不符，故本院不予采纳。

本院认为，上诉人孙某、邹某、罗某，原审被告人徐某、刘某、刘某伟以非法占有为目的，虚构事实、隐瞒真相，骗取他人财物，其中孙某、徐某、邹某、罗某骗取财物数额特别巨大，刘某骗取财物数额巨大，刘某伟骗取财物数额较大，其六人的行为均已构成诈骗罪。孙某、邹某、罗某、刘某、刘某伟伙同他人为实施电信网络诈骗犯罪而组成较为固定的犯罪组织，是犯罪集团。孙某在该犯罪集团中起组织、策划、指挥作用，系首要分子，应当按照集团所犯全部罪行处罚。孙某为实施电信网络诈骗，多次更换平台，不断发展下线代理商，其主观恶性深、人身危险性大；其诈骗数额高达8500余万元，被害人众多，严重侵害人民群众财产权利，严重破坏社会诚信，严重影响人民群众安全感，社会危害性大。孙某虽具有立功表现，但其作为犯罪集团首要分子，协助公安机关抓捕的为同案地位、作用较次的犯罪分子，综合考虑其犯罪的事实、性质、情节和对于社会的危害程度，尚不足以对其从轻处罚。邹某在该诈骗集团中起主要作用，是主犯，且属于骨干分子，应当按照其所参与的全部犯罪从严惩处。罗某在诈骗集团中起次要作用，是从犯，可依法减轻处罚。刘某、刘某伟在该犯罪集团中起次要作用，是从犯；其二人到案后能够如实供述自己的罪行，且能够退赔被害人损失，有悔罪表现，可依法从轻处罚，其中，可对刘某依法宣告缓刑。徐某为孙某诈骗集团提供平台使用，并直接参与制造被害人资金亏损假象，对孙某等人实施诈骗起到重要作用，是主犯，应当按照其所参与的全部犯罪处罚。

上诉人周某，原审被告人李某、江某、高某、沈某、张某违反国家规定，未经国家有关主管部门批准，变相非法经营外汇业务，扰乱金融市场秩序，其中周某、李某、江某、高某、沈某情节特别严重，张某情节严重，其六人的行为均已构成非法经营罪。在共同非法经营过程中，周某起主要作用，是主犯；李某、江某、高某、沈某、张某起次要作用，均是从犯。周某、江某、高某、沈某、张某到案后均能够如实供述自己的罪行，认罪悔罪，其中，江某还揭发了同案犯李某共同犯罪事实。综合上述六人各自具有的法定、酌定量刑情节，对周某、张某可依法从轻处罚，对李某、江某、高某、沈某可依法减轻处罚。

综上，原审判决认定的事实清楚，证据确实、充分，定罪准确，量刑适当，审判程序合法。依照《中华人民共和国刑事诉讼法》第二百三十六条第一款第（一）项的规定，裁定如下：

驳回上诉，维持原判。

本裁定为终审裁定。

审 判 长　李宏捷
审 判 员　曹晨光
审 判 员　闫帅乾
二〇二二年三月九日
法官助理　孙　潇
书 记 员　李　倩

（本篇文书入选第六届全国法院“百篇优秀裁判文书”）

尚某故意伤害一案

天津市第一中级人民法院刑事附带民事判决书

（2021）津01刑终120号

原公诉机关天津市红桥区人民检察院。

上诉人（原审被告人）尚某，男。因涉嫌犯故意伤害罪于2020年5月29日被天津市公安局红桥分局取保候审，同年7月30日被天津市红桥区人民检察院取保候审，同年11月3日被天津市红桥区人民法院取保候审。

辩护人郭春明，天津华盛理律师事务所律师，天津市法律援助中心指派。

原审附带民事诉讼原告人刘某，男。

天津市红桥区人民法院审理天津市红桥区人民检察院指控原审被告人尚某犯故意伤害罪一案，于2020年12月23日作出（2020）津0106刑初210号刑事附带民事判决。原审被告人尚某不服，提出上诉。本院依法组成合议庭，公开开庭审理了本案。天津市人民检察院第一分院指派检察员陈玲、检察官助理李玉玲出庭履行职务，上诉人尚某及其辩护人郭春明到庭参加诉讼。本案经合议庭评议，并经审判委员会讨论决定，现已审理终结。

天津市红桥区人民法院经审理查明，2019年9月25日1时35分许，被告人尚某与被害人刘某等人在本市红桥区××号路××道交口的流动餐桌一起吃饭喝酒，刘某因尚某说话难听而与尚某发生言语冲突，后刘某将尚某喊至丁字沽一号路与五爱道交口的变电箱处，刘某掌掴尚某后二人互殴。其间，尚某抱住刘某右小腿并拉拽移动，致刘某倒地受伤。后刘某报警，民警赶至现场将尚某抓获归案。

原审庭审中，公诉机关提交了被害人陈述、证人证言及辨认笔录、书证、物证照片、鉴定意见、现场监控视频、被告人供述等证据材料。附带民事诉讼原告人刘某提交了医疗费、鉴定费、交通费票据、住院病案、医学影像学检查诊断报告书等证据材料。

原审判决认为，被告人尚某遇事不能冷静处理，故意伤害他人身体，致人轻伤后果，其行为已构成故意伤害罪，公诉机关指控的事实及罪名成立，予以确认。鉴于被害人对本案发生具有一定过错，对被告人酌情从轻处罚。尚某的犯罪行为造成附带民事诉讼原告人刘某的损失，依法应当予以赔偿。因刘某对本案发生具有一定过错，应当自行承担损失的20%，即16361.39元。综上，依照《中华人民共和国刑法》第二百三十四条第一款，第三十六条第一款，《中华人民共和国侵权责任法》第二十六条，《中华人民共和国刑事诉讼法》第一百零一条第一款，第一百零三条，《中华人民共和国民事诉讼法》第二百五十三条，《最高人民法院关于适用〈中华人民共和国刑事诉讼法〉的解释》第一百三十八条第二款，第一百五十五条第一款、第二款之规定，判决如下：一、被告人尚某犯故意伤害罪，判处有期徒刑一年四个月。二、被告人尚某赔偿附带民事诉讼原告人刘某经济损失共计人民币六万五千四百四十五元五角六分，于本判决生效之日起三十日内付清；逾期未给付的，应当加倍支付迟延履行期间的债务利息。三、驳回附带民事诉讼原告人刘某的其他诉讼请求。

一审宣判后，原审被告人尚某不服，以其行为属于典型的正当防卫，不应当按故意伤害罪定罪处罚。被害人受伤的结果完全是由被害人自身过错所导致，其不应承担任何赔偿责任为由提出上诉。

二审庭审中，上诉人尚某认为对方对其进行殴打在先，其才应当是被害人。尚某的辩护人发表了以下辩护意见：第一，本案不成立故意伤害罪。首先，尚某没有故意伤害的主观故意，事情的起因是刘某将尚某叫至一旁开始实施殴打，这一点从尚某每次的询问笔录中还有证人孙某的证人证言中均可以得知，尚某对刘某突然动手的行为事先并不知情，其也没有要伤害刘某的主观故意。其次，尚某也不存在实行行为，从在现场的视频中可以看出当刘某用脚踹时，尚某蹲下随后用手抱住了刘某的小腿，然后刘某左移几步后倒地。尚某蹲下躲避及抱住刘某小腿的动作完全是一种制止别人伤害的行为，而不是攻击对方的行为，并不能算作刑法意义上的侵害行为。最后，刘某的伤害结果与尚某的行为之间没有因果关系。现有证据无法证明刘某的倒地行为是尚某导致的。关于左移几步导致刘某倒地受伤的真实原因，通过视频是无法看出来的，到底是尚某的拖拉行为导致左移，还是说刘某因年龄问题身体无法单腿保持平衡，还是因为酒醉之后导致身体失去平衡摔倒。根据现有证据无法确定刘某轻伤跟尚某的这种抱腿行为之间存在刑法上的因果关系，所以关于刘某倒地的原因处于事实不清、证据不足的情况，根据刑法无罪推定的原则，并不能将刘某倒地的危害结果归责于尚某。第二，尚某的行为应当评价为正当防卫行为。首先，刘某的侵害行为是不法侵害，最开始是刘某将尚某叫至一旁，从现场的视频录像中可以看出也是刘某动手先打尚某，尚某并没有还手，之后刘某再次用脚踹尚某，此时尚某才开始躲避。刘某在每次笔录中均有交代，其承认是自己看不上尚某，所以将其叫至一旁进行殴打，因此该事件是因刘某的故意伤害行为所引发的。其次，结合案件整体情况可以看出尚某实施行为的目的仅是出于维护自己的身体不受伤害，是为了维护自己的合法权益。因为尚某腹部做过手术，为了防止刘某对其进行的侵害，在刘某对其进行第二次脚踹的时候，做出了抱着他的脚制止不法侵害的动作。最后，尚某的行为也没有超过必要限度。在评价正当防卫的必要限度时，必须反对客观归罪的后果责任论。也就是说，只要造成严重后果就已经超出正当防卫的必要限度了。法律规定正当防卫的意义就在于鼓励公民及时制止不法侵害，同不法侵害行为进行积极有效的斗争，这是法律赋予公民正当防卫权的宗旨，也是我们民法典在这次编纂之后的一个立法的精神。对正当防卫的条件要求不能过于苛刻，如果过分苛刻的话，就会在一定程度上限制防卫权，也助长不法侵害分子的嚣张气焰。从本案的视频中能够看到，在刘某两次动手后，尚某所实施的行为仅仅是躲避，而且抱住刘某的腿并没有对他进行殴打，而且在刘某倒地之后，尚某便停止了自己的防卫行为，不再动手，所以其行为也没有超过防卫的必要限度。恳请二审法院将尚某的行为正确评价为正当防卫行为，不承担刑事责任。

出庭检察员发表了以下意见：

一、本案法律文书齐备，诉讼程序合法。

二、关于本案的事实，

（一）关于起因，结合尚某供述及刘某陈述，证人孙某、杨某证言证实2019年9月25日凌晨前后，被害人刘某与孙某、杨某等人在红桥区丁字沽与五爱道交口的流动煎饼摊处吃夜宵，并将在另一桌吃夜宵的尚某叫至同一桌共同进餐、饮酒，尚某与刘某之前相互认识，刘某陈述及孙某证言可以证实在一块喝酒时刘某因对尚某说话不满而言语数落尚某，尚某时不时回嘴。

（二）关于前往事发地点，证人孙某证实刘某叫尚某出去，尚某供述刘某叫其出去说几句话，供证内容一致，可以认定刘某在对尚某不满的情况下，主动叫尚某出去。刘某在侦查前期陈述的尚某自己跟过去的内容与现有证据矛盾，且没有其他证据佐证，不予采信。

（三）关于打架经过，根据刘某陈述，尚某供述以及监控视频证实刘某先打尚某一个耳光，接着踹尚某一脚。后尚某踹刘某一脚，接着刘某又踹尚某一脚，尚某随即抱住刘某的脚，移动数秒钟后，刘某倒地尚某随之倒地。后尚某起身，刘某在倒地过程中受伤。一审判决认定的二人上述行为属于互殴，尚某抱住刘某腿后进行了拉拽，并无证据支持。

（四）关于行为后果，鉴定意见证实刘某外伤致其左锁骨中段骨折，评定为轻伤二级，左冈上肌腱全层撕裂评定为轻伤二级，左锁骨处皮肤疤痕10.4厘米，评定为轻伤二级，右环指远节指骨基底骨折，评定为轻微伤。刘某左锁骨骨折在倒地过程中可以形成，刘某左侧锁骨粉碎性骨折、新鲜性。

（五）发破案情况，案件来源、到案经

过及被害人陈述，证实刘某倒地受伤后随即拨打电话报警，民警立即赶往现场，将刘某、尚某带回至公安机关进行调查。

（六）当事人的身份情况，人口信息表等证实案发时尚某60岁，刘某57岁，系成年人。

三、关于本案的定性及上诉理由，

（一）尚某的行为属于防卫行为，

第一阶段吃饭时刘某先看不上尚某言语上先数落尚某，尚某时不时还嘴，在事件起因上，刘某过错明显。

第二阶段刘某主动将尚某叫出去，尚某跟着过去，此行为不属于约架。首先尚某供述刘某喊其去旁边说几句话，杨某证言证实俩人去旁边聊天，孙某证言证实刘某喊尚某过去，根据上述证据情况，刘某叫尚某去旁边的理由是去说话，没有证据指向约架打架，在这种情况下尚某认识不到刘某找其出去是要打架。证人孙某证言："我们当时认为这俩打不起来也就谁也没去管。"这是案发后提取的证言，也从一般人角度证实了在当时的情况下是认识不到二人出去是要打架的。因此依据目前的证据情况，不能认定二人约架也就排除了有预谋的互殴。

第三阶段出去后双方对是否发生争执各执一词。但是基于前两阶段的事实以及刘某的陈述"刚走两步我就跟老尚说，你别这个那个的你干嘛的"可以判定刘某仍处于强势一方，主动数落尚某，后刘某生气先打了尚某一耳光，监控显示时间在1时35分11秒后双方对峙了约4秒，没有肢体冲突。在这4秒期间，面对刘某极具侮辱性的打耳光，尚某有时间可以还击，但是尚某没有，说明尚某在保持克制，并没有互殴的故意。35分15秒，刘某紧接着又踹尚某一脚，从监控看，刘某抬腿时身体后仰抬腿高度较高，大概踢的尚某上身位置，足以对尚某的人身造成实质性危险，且刘某没有放弃攻击的意思表示，存在继续攻击的可能性。刘某挑起事端又接连打人，其行为已经属于正在进行的不法侵害。面对不法侵害，法律允许被侵害人实施积极的防卫行为，这样也更符合刑法规定和"两高一部"倡导的"法不能向不法让步"的精神。所以接下来的1时35分20秒尚某踹刘某一脚的行为具有防卫性质，不应认定为互殴。

第四阶段，尚某在前一阶段1时35分20秒踹刘某一脚后立即后退，刘某却依旧向前；在1时35分34秒左右，刘某又继续攻击，抬腿踹尚某身体中间部位形成新的不法侵害。尚某顺势抱住刘某的脚移动数步后，在1时35分37秒刘某倒地，尚某随之扑倒地。倒地过程中，刘某肩部及右手环指远端受伤。

面对刘某的踢踹，形成新的不法侵害。尚某抱住腿，保护自己是本能的反应，具有防卫性质。一审判决认为抱住腿后尚某没有立即松手，移动了几步才松手，属于有意识地拉拽，属于故意伤害行为，该理由不能成立。第一，一审认定尚某主动拉拽没有证据支持。尚某供述、刘某陈述都没有提到尚某抱腿后进行了拉拽这一情节。从监控上看，只是尚某抱住刘某腿后有一个位置的移动，只有几步距离，持续时间约3秒。直接证据中没有任何证据指向这是一个拉拽行为。相反确有证据证实这个位移属于踉跄。被害人刘某2020年5月27日陈述“这时老尚就往后一躲，顺势蹲下，把我的右脚抱住了，然后踉跄了一下就站了起来，一松手直接把我摔在地上”。尚某当庭供述其抱住刘某腿后踉跄了几步，尚某在案发时已经60岁，且为酒后面对他人的突然踢踹攻击，尚某重心不稳，出现踉跄具有合理性。第二，抱腿是尚某面对不法侵害的本能反应，持续时间只有3秒左右，这是在一个防卫意识支配下的整体行为，不宜区分防卫和伤害两个行为。按照一审判决的逻辑，其将抱腿行为区分为防卫和拉拽两部分是不适当的，不能够强求防卫人抱腿后立刻平稳放下，以防给对方造成伤害。第三，防卫意识与伤害故意并不相互排斥，二者可以同时并存，所以即便尚某想通过拉拽的方式进行防卫，也不影响正当防卫的成立。

（二）尚某的行为没有明显超过必要限度，造成重大损害。根据“两高一部”《关于依法适用正当防卫制度的指导意见》规定，认定防卫过当应当同时具备“明显超过必要限度”和“造成重大损害”两个条件，缺一不可。造成重大损害，是指造成不法侵害人重伤、死亡；造成轻伤及以下损害的，不属于重大损害。刘某的伤情不属于重大损害，尚某的行为不属于防卫过当。综上，尚某的行为具有防卫性质且没有超过必要限度，并未造成重大损害，属于正当防卫，依法不负刑事责任。尚某的上诉理由成立，应予支持。建议二审法院依法改判尚某无罪。

刘某对二审庭审及一审判决所认定的事实，均没有意见。

经审理查明，2019年9月24日晚22时许，刘某与朋友一起前往红桥区××号路××道交口的流动餐桌吃夜宵，偶遇上诉人尚某，刘某遂邀尚某一同饮酒。其间刘某因不满尚某说话夸张，对其出言教训，二人因此发生轻微口角。后刘某将尚某叫出，意欲再次对其教训。此时已至9月25日1时35分许。刘某与尚某来到附近一变电箱旁边，刘某首先掌掴尚某面部一下，后又踢踹尚某一脚，尚某回踹刘某一脚。当刘某再次用右脚踢踹尚某时，尚某顺势将刘某右脚抱住，并往左侧移动数步，身体前倾，刘某随即摔倒在地，尚某同时扑倒在地。后刘某报警，民警赶至现场将尚某抓获。

经天津市法医学鉴定中心鉴定，被鉴定人刘某外伤致：1.左锁骨中段骨折，评定为轻伤二级；2.左冈上肌腱全层撕裂，评定为轻伤二级；3.左锁骨处皮肤瘢痕10.4厘米，评定为轻伤二级；4.右环指远节指骨基底骨折，评定为轻微伤。经天津市津实司法鉴定中心鉴定，被鉴定人刘某左锁骨骨折在倒地过程中可以形成。刘某左侧锁骨粉碎性骨折，新鲜性。

上述事实，有经一审庭审质证、认证的下列证据予以证实：

1.案件来源、抓获经过证明：案发及尚某到案的情况。

2.刘某伤情照片证明：刘某的伤情

情况。

3.刘某的医院诊断证明书证明：经天津市人民医院诊断，刘某左锁骨骨折，左冈上肌腱全层撕裂，右环指远节骨折，左肩胛下肌腱损伤，右手皮擦伤。

4.公安机关出具的情况说明证明：尚某无违法犯罪记录、无吸毒记录、无在逃记录。

5.鉴定意见：

（1）天津市法医学鉴定中心出具的《法医学司法鉴定意见书》证明：被鉴定人刘某外伤致：①左锁骨中段骨折，评定为轻伤二级；②左冈上肌腱全层撕裂，评定为轻伤二级；③左锁骨处皮肤瘢痕10.4厘米，评定为轻伤二级；④右环指远节指骨基底骨折，评定为轻微伤。

（2）天津市津实司法鉴定中心出具的《司法鉴定意见书》及情况说明证明：被鉴定人刘某左锁骨骨折在倒地过程中可以形成。刘某左侧锁骨粉碎性骨折，新鲜性。

6.案发现场监控视频证明：2019年9月25日1时35分11秒，在红桥区××号路××道交口附近变电箱旁边，刘某（身穿黑衣）先用右手打尚某（身穿浅色衣物）左脸一下，1时35分16秒用右脚踹尚某一下，1时35分20秒尚某踹刘某一下，1时35分34秒刘某又用右脚踹尚某，尚某顺势将刘某右脚抱住，并往左侧拉拽移动数步，身体前倾，刘某随即摔倒在地，尚某同时扑倒在地。

7.证人证言：

（1）证人孙某的证言及辨认笔录证明：2019年9月24日22时许，其和刘某、杨某一起在丁字沽一号路与五爱道交口的流动餐桌吃夜宵，刚到地方其就去买酒，回来看见刘某和杨某跟“胖子”坐在一桌，当时尚某在另一张桌子上坐着，然后刘某就叫尚某过来一块喝，当时“胖子”坐在其左手边，尚某坐其右手边，尚某右手边是杨某，杨某右手边是刘某，刘某有点儿看不上尚某，喝酒期间总数落尚某，尚某不含糊，也还嘴，然后刘某就叫尚某出去，尚某也不含糊，也就跟着出去了，他们俩顺着马路往右边拐了。其当时认为俩人打不起来，就没去管，过了一会儿其听见刘某喊了一句“打人了，我报警”，然后其就出去看见两个人都坐地上了。其正准备过去了，这时候“胖子”手机响了，说是小吃街那块他朋友打起来了，现在就在光荣道派出所了，其就和“胖子”先去光荣道派出所了，其认为刘某和尚某总逗，就没太当一回事儿。

证人孙某经辨认指出，刘某是被打伤的男子，尚某是与刘某发生冲突的男子。

（2）证人杨某的证言证明：2019年9月24日23时许，孙老板请客吃夜宵，打架的那俩人其是第一次见到。当时几个人在丁字沽一号路与五爱道交口的流动餐桌吃夜宵，凌晨1时左右，打架的那俩人就说出去聊会儿天，其当时没在意，就和孙老板继续喝酒。没过一会儿，其就听见有人说“打人了”，还要打电话报警，其就跑过去看看，看见那俩人好像打架了，一个坐在地上，说肩膀疼。打了“110”，让其帮忙看看警察来了吗。另一个人就回到酒桌这边坐下了，其也跟着坐下了，一会儿警察就来了。

8.刘某在侦查阶段的陈述证明：2019年9月24日21时许，其和孙某、杨姓男子约着去吃夜宵，到了丁字沽一号路交口的煎饼摊吃煎饼，孙某就去买酒，然后几个人看见尚某，就喊他过来一起喝酒。过了一会儿，其嫌尚某说话太难听，就把他喊到了马路边的变电箱附近。其跟尚某因为酒桌上说话不好听的事矫情起来，其一气之下用右手打了他左脸一个耳光，后用右脚去踹他，但是他躲开了。尚某也用脚踹了其一下，也没踹到他。其就又抬起右脚踹了尚某一脚，他就往后一躲，顺势蹲下把其右脚抱住了，然后踉跄了一下就站了起来，一松手直接把其摔在了地上。其当时臀部和双手同时着地，倒地以后其就感觉左肩膀有点难受，好像受伤了。之后尚某就蹲在其身边，二人没再打架。尚某就回到喝酒的桌子那，其因为受伤一直坐在原地并报了警。

9.尚某在侦查阶段的供述：2019年9月24日22时许，其去楼下吃夜宵。过了一会儿其看见刘某和几个朋友也过来吃夜宵，他们先是和一个朋友同桌，后刘某喊其过去一起吃。没过一会儿，刘某说和其去边上说两句话，其就和刘某过去了，刚走了两步，他就给其来了一个耳光，然后又踹了其一脚，他打其了，其就要还一下，然后其就用右脚踹他，也不知道踹没踹到。然后，刘某又用右脚踹其，其顺势一躲一蹲就抱住他的右小腿，然后其站起来接着一松手，他就倒地上了，屁股和双手同时着地。因为刘某打其，其就这样还手了。之后，其蹲在刘某跟前问他怎么样，刘某说这次没有10万元了不了这事，其一听这话不挨边，就走回餐桌了。然后“杨某”就过去看他，说刘某报警了，其就坐着等警察，警察来了以后将双方带回派出所了。

另查明，二审期间，上诉人尚某主动提出，自愿补偿给对方2万元。

针对上诉人尚某的上诉理由及辩护人所提辩护意见、出庭检察员发表的意见，本院结合全案事实证据及相关法律规定，综合评判如下：

本案的焦点问题在于上诉人尚某的行为是否属于正当防卫。正当防卫是指为了使国家公共利益、本人或者他人的人身、财产和其他权利免受正在进行的不法侵害。对实施不法侵害的人所采取的必要防卫行为，正当防卫是公民依法享有的权利。我国刑法明确规定，正当防卫不负刑事责任。

首先，本案是由刘某无故挑衅引起的。根据上诉人尚某的供述、刘某陈述及证人孙某、杨某证言可以证实，众人在一起喝酒时，刘某因对尚某说话不满而言语数落尚某，尚某时不时回嘴，之后刘某将尚某叫出。从案件起因上看，刘某首先指摘尚某，挑起矛盾，然后又主动将尚某叫出，直接导致了该案的发生。故在案件的起因上，刘某的过错是十分明显的。

其次，刘某对尚某实施了不法侵害行为。根据上诉人尚某供述、刘某陈述以及监控视频证实，刘某上来先打了尚某一个耳光，接着踹尚某一脚，尚某才回踹了刘某一脚。刘某首先动手殴打对方，虽然打击强度有限，但先是打了尚某一记带有侮辱性的耳光，然后在尚某并未还击的情况下，继续踢踹对方。刘某挑起事端又接连打人，其行为明显属于正在进行的不法侵害。虽然刘某的不法侵害行为尚未达到暴力侵害或者犯罪的程度，但已属违法行为。尚某具备了正当防卫的前提。

再次，双方的行为不属于“互殴”。同样根据上述证据证实，尚某在刘某先打其一个耳光踹其一脚后回踹了刘某一脚，但并未踹中刘某，接着刘某又踹尚某一脚，尚某随即抱住刘某的脚，移动数秒后，刘某倒地尚某随之倒地。尚某的主动行为踢踹一脚并未给刘某造成任何实质性伤害，而刘某的伤是被对方趁势抱住腿后二人均失去平衡摔倒形成的。尚某抱住刘某踢踹过来的腿，是保护自己本能的反应，虽然其抱住腿后没有立即松手，移动了几步才松手，但移动的距离和时间都很短。尚某在案发时已经60岁，且为酒后面对他人的突然踢踹攻击，重心不稳，出现踉跄具有合理性。即便尚某抱刘某腿并移动的动作是有意为之，在如此短的时间内，要求立即做出不伤害到对方的正确选择，显然加重了尚某的注意义务。在针对不法侵害时，防卫一方不仅会作出遮挡本身要害部位的动作，也会作出抵抗侵害令对方不能继续加害的动作，比如迎击、格挡对方打过来的拳脚，只要没有形成新的反击行为，均不应当认定为“互殴”。防卫行为与相互斗殴具有外观上的相似性，准确区分两者要坚持主客观相统一原则，本案由刘某引起、其对冲突升级存在明显过错，而尚某未采用明显不相当的暴力，故不应将尚某的行为认定为“互殴”。

最后，尚某的防卫行为没有超过必要限度。如前所述，尚某抱住刘某的脚后没有及时松手，通过较短距离的移动造成双方分别倒地。鉴定意见证实刘某的伤情为三处轻伤二级，一处轻微伤。尚某防卫动作并不激烈，所造成的后果亦不严重。尚某在刘某倒地后，也没有再实施任何加害行为。认定防卫过当应当同时具备“明显超过必要限度”和“造成重大损害”两个条件，缺一不可。刘某在冲突的过程中始终处于主动地位，其在打尚某耳光而尚某未还手的情况下，并未收手继续踢踹对方，具有进一步伤害尚某的紧迫危险性和现实可能性。并且从伤情看最终刘某也只是摔成轻伤，不属于重大损害。故对尚某的行为也不应认定为防卫过当。

本院认为，上诉人尚某的行为具有防卫性质且没有超过必要限度，并未造成重大损害，属于正当防卫，依法不负刑事责任。尚某的上诉理由成立，应予支持；对二审辩护人、检察员的意见予以采纳。天津市红桥区人民法院（2020）津0106刑初210号刑事附带民事判决适用法律有误，给予纠正。另，尚某在二审期间主动提出，自愿补偿给刘某2万元，予以照准。

综上，依照《中华人民共和国刑法》第二十条第一款，《中华人民共和国刑事诉讼法》第二百三十六条第一款第(二)项及《最高人民法院关于适用〈中华人民共和国民法典〉时间效力的若干规定》第一条第二款,《中华人民共和国民法总则》第一百八十一条第一款之规定,判决如下:

一、撤销天津市红桥区人民法院(2020)津0106刑初210号刑事附带民事判决;

二、上诉人(原审被告人)尚某无罪;

三、驳回原审附带民事诉讼原告人刘某的诉讼请求;

本判决为终审判决。

审 判 长 孙 健
审 判 员 郑虎潼
审 判 员 张振超
二〇二一年四月二十六日
法官助理 王 晓
书 记 员 张子奇

(本篇文书入选第五届全国法院"百篇优秀裁判文书")

某保险有限公司北京分公司、某仓储物流有限公司港口货物保管合同纠纷一案

天津市高级人民法院民事判决书
(2022)津民终327号

上诉人(一审原告):某保险有限公司北京分公司。

主要负责人:关某勇,该分公司总经理。

委托诉讼代理人:陈柚牧,上海瀛泰律师事务所律师。

委托诉讼代理人:张进,上海瀛泰律师事务所律师。

上诉人(一审被告):某仓储物流有限公司。

法定代表人:吴某明,该公司总经理。

委托诉讼代理人:郭新伟,广东敬海(天津)律师事务所律师。

委托诉讼代理人:商维巍,北京高朋(天津)律师事务所律师。

上诉人某保险有限公司北京分公司(以下简称某保险公司)因与上诉人某仓储物流有限公司(以下简称某物流公司)港口货物保管合同纠纷一案,不服天津海事法院(以下简称一审法院)(2021)津72民初893号民事判决(以下简称一审判决),向本院提起上诉。本院于2022年2月17日立案后,依法组成合议庭,开庭进行了审理。上诉人某保险公司的委托诉讼代理人陈柚牧、张进,上诉人某物流公司的委托诉讼代理人郭新伟、商维巍到庭参加诉讼。本案现已审理终结。

某保险公司上诉请求:1.依法撤销一审判决;2.将本案发回重审或改判支持某保险公司的全部诉讼请求;3.一、二审诉讼费用由某物流公司负担。事实与理由:(一)一审法院认定事故当时的天气对货物监管作业产生重大影响,缺乏充分事实依据,某物流公司应对涉案事故承担全部责任。(二)某保险公司处置因雨淋受损的货物需要时间,必然会延长堆存期间,额外支出的堆存费属于涉案事故导致的损失,应由某物流公司承担。

某物流公司辩称,请求驳回某保险公司的上诉请求。事实与理由:(一)一审判

决对于天气原因对当时作业产生重大影响认定正确，但对事故双方的责任划分不当。涉案事故发生在货物卸货期间，保管责任尚未开始，且在货物交接期间，至少应由某保险公司负主要责任。（二）涉案事故并未导致仓储时间延长产生额外费用，某保险公司关于堆存费的诉请不应予以支持。

某物流公司上诉请求：1.依法撤销一审判决，将本案发回重审或改判驳回某保险公司的全部诉讼请求；2.一、二审诉讼费用由某保险公司负担。事实与理由：（一）某保险公司未能合法取得代位求偿权，无权向某物流公司索赔。涉案货物遭受雨淋发生在货物卸货期间，某物流公司保管期间尚未开始，一审判决认定某物流公司承担主要责任有失公允。某保险公司未能举证证明其损失真实存在及损失数额。因此，某物流公司就涉案货物遭受雨淋不应承担责任。（二）即使涉案货物遭受雨淋发生在货物交接期间，ZHN公司未能根据天气情况及时停止卸货为苫盖工作预留时间是本次雨淋事故的主要原因，某物流公司对此不应承担主要责任。（三）某保险公司关于货物短量损失的陈述自相矛盾，货物短量的事实真伪不明。雨淋货物从取样检测得出结果到拍卖和提取相隔约8个月，且水分具有易蒸发特性，因此水分超标导致短量应以涉案货物出库过磅时水分含量和过磅货物数量为基础进行计算，某保险公司对此举证不足，故短量损失不应被支持。即使短量损失存在，亦应分情况考虑，对于ZHN公司自行提取的2079.53吨货物，不能证明存在实际短量损失，某保险公司从实际过磅数量中扣减理论水分值的做法缺乏客观依据；对于作为贬值货物处理的7527.73吨货物的短量，即使其中含有增加的雨水，也已经按《化肥购销合同》的约定按照拍卖价格出售给了某化工公司，不应在索赔中重复计算。退一步讲，该部分货物出库数量为7527.73吨，扣除水分及约定的免赔额后，短量也仅为1.76吨。（四）某保险公司未提供证据证明其按照法律规定发布了拍卖公告，贬值货物的拍卖不符合拍卖程序，不能作为认定贬值损失的依据。另外，涉案货物拍卖最终于2020年4月7日在北京线下进行，当时新冠疫情严重，某保险公司选择在北京实施线下拍卖显然不符合常理，也将导致外地潜在竞买人无法赴京参与竞价，由此其成交价无法反映货物的实际价值，不能作为认定货物损失的依据。（五）一审判决对贬值损失、短量损失的计算存在瑕疵。某保险公司诉请的堆存费应从起诉金额中扣除，扣除后其主张的短量和贬值损失总额为4419651.08元。由于某保险公司未能提出证据证明上述赔付总额中短量损失和贬值损失各自的金额，应当根据两项损失所占比例予以区分。即便按照一审判决认定的短量计算，合理的损失应为贬值损失2255100.6元、短量损失125323.41元，共计2380424.01元，考虑到某物流公司不应承担主要责任，某物流公司应承担的赔偿数额不应超过1190212元。

某保险公司辩称，某物流公司的上诉请求缺乏事实与法律依据，请求依法予以驳回。事实与理由:(一)某保险公司依法取得向第三人索赔的债权,有权向某物流公司提出索赔。现有证据证明,涉案货物系ZHN公司委托其控股股东ZHN集团公司进口,ZHN公司系实际货物所有权人,ZHN集团公司的一切行为均系代表ZHN公司。ZHN集团公司已经确认将涉案货物受损的索赔权转让给某保险公司,某保险公司在本案中依法有权向相关责任人索赔。(二)涉案货物损失系因某物流公司未尽保管义务所致,其应承担全部赔偿责任。涉案货物进入某物流公司堆场后,其即负有依法进行保管的责任,否则对由此造成的损失应进行赔偿。本案中,某物流公司明知当天很可能有强降雨,但未能及时对货物进行苫盖,因此某物流公司应就全部货损承担赔偿责任。(三)某保险公司索赔金额低于货物实际损失金额,某物流公司应全部赔偿。1.涉案货物遭受雨淋后,品质必然受损,某物流公司在接到拍卖货物的通知后也未能找到可以按照完好货物价值接收货物的买家。2.ZHN公司损失包括货物贬值损失、短量损失和仓储费三部分,某保险公司支付的赔款少于ZHN公司的损失总金额,至于某保险公司如何计算支付给ZHN公司的费用,与本案无关。3.一审判决在计算短量损失时扣除全部货物的0.5%,值得商榷。4.受损货物拍卖过程依法进行且已事先多次告知某物流公司。

某保险公司向一审法院起诉请求:1.判令某物流公司向某保险公司支付赔款5102817.71元及相应利息(利息自2020年12月17日起计算至某物流公司实际付款之日止,按照全国银行间同业拆借中心发布的贷款市场报价利率LPR计算);2.本案的诉讼费用由某物流公司负担。

一审法院认定事实:2019年1月29日,ZHN公司(协议中的甲方)、XY公司(协议中的乙方)、某物流公司(协议中的丙方)签订《钾肥监管协议》。协议第一条“合同标的”第三款约定:“乙方接受甲方委托,作为甲方的货物在防城港的代理方。”第四款约定:“丙方为甲方和乙方提供仓储保管、货物监管等服务。”第二条“权利和义务”第三款“丙方的权利和义务”第五项约定:“丙方对存放在库场的货物负有保管义务,不可抗力因素除外,如由于保管不善造成货物污损、灭失,由丙方按照同期市场价格赔偿给甲方。”第三条“费用结算”约定:“本合同仓储保管、货物监管等服务费用由乙方代甲方向丙方进行支付。”第六条约定:“本合同有效期自签订之日起至2019年12月31日。”

5月30日,ZHN集团公司作为买方与境外卖方签订协议,约定ZHN集团公司购买54000公吨原产于俄罗斯的氯化钾,价格为CFR价295美元/公吨。6月19日,涉案货物装载于某轮船从俄罗斯圣彼得堡起运,提单显示货物品名为白色标准氯化钾、毛重为54100公吨,卸货港为中国主要港口,收货人凭指示。其中,24100公吨货物运至防城港卸货。6月21日,某保险公司签署保单,ZHN集团公司为被保险人,承保一切险,保险责任期间为在国外港口装上海轮开始直至卸货港卸毕后60天中止。

8月3日，某轮船抵达防城港锚地。8月13日22时10分开始卸船，8月14日货物通过汽车陆续运往某物流公司东湾仓D3场，至8月16日13时共进场9632.02吨。8月16日12时天气突然晴转阴，约13时突发降雨并多次雷电，降雨时仍有卡车在运输途中或准备卸货。涉案货物系露天堆垛存放，因未能及时苫盖，遭受雨淋。9月7日，检验认证公司接受ZHN集团公司委托，对受损货物进行了残损鉴定，出具了《残损鉴定报告》。《残损鉴定报告》载明："经实验室分析，检验认证公司认为相对于正常货物，水湿货物的氧化钾含量比正常略低0.08%，水湿货物的水分比正常货物偏高1.63%。""货物实体有效成分-氧化钾含量降低，货物价格直接跟其实体有效成分-氧化钾为正相关的关系：氧化钾含量高，价格高；氧化钾含量低，价格低。该批水湿货物遭受了至少但不限于以下的损失：1.雨水溶解和冲走货物带来的重量损失，可参考入库和后续出库的重量作比对。2.货物实体有效成分-氧化钾含量降低的损失，损失率为：[(62.57-62.49)/62.57]×100%=0.13%。3.水分升高对品质稳定、储存、运输带来的间接不利影响和损失。"

该船货物实际入库总量为24188.94吨，其中受到雨淋的货物为9632.02吨。2020年4月，受损货物中的2079.53吨，ZHN公司以完好货物价格进行了出售。4月7日，部分受损货物经过拍卖，以1550元/吨（含税）价格成交，ZHN公司向案外人某化工公司交付受损氯化钾7527.73吨。当时，国内港口氯化钾价格在每吨2180元到2280元之间浮动。至一审法院第二次庭审时，未被雨淋的货物仍有653.23吨保存于某物流公司堆场未提取。

ZHN集团公司与ZHN公司为关联公司，ZHN集团公司持有ZHN公司65%的股份。涉案某轮船承运的货物，系由ZHN公司委托ZHN集团公司代为采购，货物的仓储、保险、处置均由ZHN公司实际负责。某保险公司于9月27日、12月16日分两笔，共计向ZHN公司支付保险赔款5102817.71元。ZHN集团公司于12月9日向某保险公司出具赔款收据及权益转让书。

另查明，SF公司与某物流公司在2019年8月18日签订了《仓储合作合同》，合同约定某物流公司为SF公司提供露天堆场用以仓储从某轮船卸下的白色氯化钾。SF公司负责入库前的场地验收，卸船、转运、出入库装卸作业、归堆及清理货物工作。

一审法院认为，本案为港口货物保管合同纠纷。依照《最高人民法院关于适用〈中华人民共和国民法典〉时间效力的若干规定》第一条第二款的规定，《中华人民共和国民法典》施行前的法律事实引起的民事纠纷案件，适用当时的法律、司法解释的规定。由于引起纠纷的法律事实发生于《中华人民共和国民法典》生效之前，本案应适用当时的法律、司法解释的规定。本案的争议焦点为：1.某保险公司是否有权提出赔偿请求；2.某保险公司主张的损失是否属于某物流公司的责任期间；

3.损失的发生是否属于不可抗力；4.某保险公司主张的损失是否合理。

一、关于某保险公司是否有权提出赔偿请求。

《中华人民共和国海商法》第二百五十二条第一款规定："保险标的发生保险责任范围内的损失是由第三人造成的，被保险人向第三人要求赔偿的权利，自保险人支付赔偿之日起，相应转移给保险人。"虽然涉案保险单记载被保险人为ZHN集团公司，但ZHN公司与ZHN集团公司共同出具的《确认函》表明双方存在进口代理法律关系，ZHN公司委托ZHN集团公司代为采购进口、投保等事宜。ZHN集团公司作为受托人与某保险公司签订的海上货物运输保险合同，ZHN公司享有保险合同项下被保险人的权利。

《最高人民法院关于审理海上保险纠纷案件若干问题的规定》第十四条规定："受理保险人行使代位请求赔偿权利纠纷案件的人民法院应当仅就造成保险事故的第三人与被保险人之间的法律关系进行审理。"本案中，应当重点审理某物流公司与被保险人之间的港口货物保管合同法律关系。某保险公司作为保险人，在向ZHN公司支付保险赔款后，取得向造成损害的第三人追偿的权利，即有权向某物流公司请求赔偿。

二、关于损失是否属于某物流公司的责任期间。

ZHN公司、XY公司、某物流公司签订的《钾肥监管协议》合法有效，是确定合同当事方权利义务的主要依据。协议约定，XY公司是ZHN公司货物在防城港的代理方；某物流公司为ZHN公司2019年外贸进口散装钾肥提供仓储保管、货物监管等服务；某物流公司对存放在库场的货物负有保管义务，不可抗力因素除外，如由于保管不善造成货物污损、灭失，按照同期市场价格赔偿。协议没有对某物流公司责任期间的开始作出明确规定，故应当按照条款中使用的词句、合同目的、交易习惯进行认定。

ZHN公司在防城港卸货总计24188.94吨。货物从某轮船卸下后，ZHN公司及其代理人作为存货人，负责用汽车运至某物流公司的露天库场，并负责卸车和归堆事项。保管人对货物承担保管责任的期间，一般应从货物放置于堆场开始。但是本案事故发生在交接期间，某物流公司不应承担全部的货损赔偿责任。在仓储合同法律关系项下，保管人的违约责任适用过错责任原则，而本案ZHN公司及其代理人对货物损失亦存在过错。

货物陆续运抵货场并卸货后，用机械车辆进行归堆，再予以苫盖，交接时间需要持续数天。货物的卸船、倒运、归堆、苫盖，是一个动态的过程，需要存货人和保管人共同协作完成。卸船、倒运、归堆，由存货人负责；苫盖、保管由保管人负责。由于近万吨散货归堆高达数米，在归堆完成前，保管人只能临时苫盖，不能完全履行保管责任。某物流公司出具的白钾淋雨情况说明记载："8月16日上午天晴，中午12时突然晴转阴，约13时开始，天空突然雷电交加伴随强降雨，我司立即组织相关人员对正在入库钾肥做好篷布加固等保护措施，下雨前也安排遮盖部分货物，但因其间运输钾肥车辆不断入库，未及时归整货堆、铺设范围较大、堆头凹凸不平给苫盖篷布工作造成很大困难，突然降雨尤其伴随强雷电，工人担心雷击不敢攀爬堆头抢盖货物，最终导致货物挨雨淋约1个小时……”从这段记载内容，可以看到事故当时卸货、仓储作业处于非常困难的状态。

货物进场过程中突发雷电大风天气，双方均未有充分预料和准备，有部分运输车辆仍然在途，有部分进场货物没有苫盖，以致发生涉案货损事故。保管人没有完全尽到保管责任，没有完成苫盖工作，某物流公司应承担主要责任。降雨之时存货人仍不断安排车辆进入堆场卸货，尚未及时归整货堆，给苫盖篷布工作造成很大困难，在强雨强风伴随强雷电的情况下，客观上增加了苫盖货物的难度，亦存在过错，应承担次要责任。综合全案情况，一审法院酌定，由某物流公司承担货物损失的70%，由某保险公司承担货物损失的30%。

三、损失的发生是否属于不可抗力。

《中华人民共和国合同法》第一百一十七条第二款规定：“本法所称不可抗力，是指不能预见、不能避免并不能克服的客观情况。”防城港属于我国南方地区，8月的夏季本就属于降雨频发的季节。《钾肥监管协议》约定，“因防城港属于自然灾害多发区，甲方需对存放在库场的货物投保财产险，以应对恶劣自然灾害对货物的损失”，说明存货人和保管人对于雷暴天气的发生已有预料。某保险公司提交了2019年8月15日的天气预报，显示8月16日防城港市下辖乡镇均有降雨。某物流公司提交的装卸事实记录显示，某轮船从8月3日到达锚地开始，至8月16日涉案事故发生，其间多次下雨。存货人和保管人都有能力提前做好雨季应急准备工作，使货物遭受雨淋的损失降到最低。双方均未能做好防止货物雨淋的工作，不属于不能预见、不能避免、不能克服的情形，本案损失发生非因不可抗力。

四、某保险公司主张的损失是否合理。

某保险公司请求的损失分为堆存费、货物灭失损失和货物贬值损失，在此基础上与被保险人进行了协商赔付。关于堆存费，某保险公司未能证明货物因为雨淋受损而延长了堆存期间，进而证明所请求的堆存费属于额外支出，应承担举证不能的法律后果；并且，目前仍有部分未被雨淋的货物没有提取，故对该项费用不予支持。

关于溶于水流失的货物。《残损鉴定报告》记载，雨水溶解和冲走货物带来的重量损失，可参考入库和后续出库的重量作比对。某保险公司主张在雨水中流失的货物数量为2226.99吨，即某物流公司确认的入库数量9632.02减去实际销售数量7405.03吨（拍卖数量7527.73吨扣减因雨水增加的含水量），但未能提供货物出入库单证等予以证实，一审法院不予采信。某物流公司提供的证据可以证明货方实际提取的数量为2079.53吨。按照《残损鉴定报告》记载，涉案受损货物水分含量为1.93%，正常货物水分含量为0.3%，故雨水含量为1.63%。2079.53吨货物扣除增加的33.9吨雨水含量应为2045.63吨，计算公式为2079.53−2079.53×1.63%=2045.63吨。经计算，因雨水流失的货物数量应为181.36吨，计算公式为9632.02−7405.03−2045.63=181.36吨。《钾肥监管协议》三方约定，XY公司、某物流公司同意以按扣除具有检验资质的第三方机构出具的水尺公估数5‰的数量作为应该交付于ZHN公司的货物数量，由此可以认定5‰货差属于各方认可的范围。实际入库货物总量为24188.94吨，5‰的合理货差应为120.94吨，扣减合理货差，流失数量应为60.42吨。《钾肥监管协议》"丙方的权利和义务"部分第5条约定："……如由于保管不善造成货物污损、灭失，由丙方按照同期市场价格赔偿给甲方。"依据该约定，应以同期市场价格作为标准计算损失。按照某保险公司主张以进口货物价格每吨295美元计算，该计算标准低于市场价格，属于对自身权利处分，予以支持。上述流失货物损失折算为人民币应为125323.41元，计算公式为60.42×295×7.0312=125323.41元。

关于货物因雨淋导致贬值的损失。某物流公司辩称，虽然货物遭受雨淋，但其品质并未发生变化，货物贬值损失没有事实依据。一审法院认为，货物的品质包括有效成分、表面状况等多种因素，即使经检验，货物氧化钾含量没有显著减少，但是货物受损也会降低市场价格。本案某保险公司通过拍卖方式处理货物，并不违反法律规定，一审法院对此予以采信。某保险公司提供的证据可以证明拍卖时，国内港口氯化钾（白钾）市场价格为2150—2270元/吨。某保险公司以2200元/吨作为参考价格并无不当。实际拍卖受损货物数量为7527.73吨，由于货物经过雨淋，此数量为含雨水重量，扣减1.63%的雨水含量即扣减122.7吨，正常货物数量应为7405.03吨。按照《钾肥监管协议》"丙方的权利和义务"部分第五条约定的按照市场价格计算，损失应为4813269.5元，计算公式为7405.03×（2200−1550）=4813269.5元。某保险公司按照贬值率计算，主张受损损失为4538736.16元，少于一审法院计算数额，属于对自身权利的处分，一审法院予以支持。

某物流公司应当对货损承担70%的责任，故本案某物流公司应赔偿3264841.7元，即（4538736.16+125323.41）×0.7=3264841.7元。2020年12月16日，某保险公司向ZHN公司支付完毕保险赔款，并主张从次日起至某物流公司实际付款之日止，按照全国银行间同业拆借中心发布的贷款市场报价利率计算，于法有据，一审法院予以支持。

综上，一审法院依照《中华人民共和国海商法》第二百五十二条第一款，《中华人民共和国合同法》第一百零七条、第三百九十四条，《中华人民共和国民事诉讼法》第六十七条第一款规定，《最高人民法院关于审理海上保险纠纷案件若干问题的规定》第十四条，《最高人民法院关于适用〈中华人民共和国民法典〉时间效力的若干规定》第一条第二款的规定，判决：一、某物流公司于判决生效之日起十日内赔偿某保险公司3264841.7元，并给付上述款项的利息（以3264841.7元为基数，按照全国银行间同业拆借中心公布的贷款市场报价利率计算，从2020年12月17日计算至实际给付之日止）；二、驳回某保险公司的其他诉讼请求。如果未按一审判决指定的期间履行给付金钱义务，应当依照《中华人民共和国民事诉讼法》第二百六十条之规定，加倍支付迟延履行期间的债务利息。一审案件受理费47520元，由某物流公司负担30404元，由某保险公司负担17116元。

二审审理期间，当事人围绕上诉请求依法补充提交了证据。本院组织当事人进行了证据交换和质证。

某保险公司补充提交涉案货物拍卖相关邮件，拟证明某保险公司就拍卖处置货物事宜已多次通过邮件将拍卖公告网站及相关拍卖情况及时告知某物流公司，该拍卖公告网站对外公开、信息透明，可公开查阅拍卖相关信息。

某物流公司对上述证据的真实性无异议，对其证明目的不予认可。涉案货物的拍卖未在主流媒体发布拍卖公告，不符合法定程序，同时北京以外的潜在竞买人不能实际参与竞拍，某保险公司处置货物的拍卖价格并非货物真实的市场价格，且某保险公司处置货物行为严重滞后，对货物品质及价格产生影响，其应自行承担货物低价拍卖的损失。

某物流公司补充提交如下证据：证据一，某拍卖有限公司网站截图，拟证明该公司于2019年9月7日已接受某保险公司委托处理涉案7600吨货物拍卖事宜，7600吨货物与2100吨货物混同堆放未区分，被保险人并未向某保险公司主张2100吨货物遭受湿损，同理，7600吨货物也不可能遭受湿损；证据二，ZHN公司发送给某物流公司的索赔函，拟证明ZHN公司作为经营涉案货物的市场主体，其对货物贬值损失的判断仅为300元/吨，故涉案货物的拍卖与实际贬值情况严重不符；证据三，新闻“北京疫情应急响应由一级调至二级”，拟证明潜在竞买人无法在2020年4月7日参加线下竞拍，拍卖价格不能反映货物真实价格；证据四，工信部域名信息备案管理系统查询记录，拟证明发布拍卖公告的网站不属于《拍卖管理办法》规定的媒体，导致潜在竞买人丧失竞买机会。以上四组证据均拟证明某保险公司拍卖涉案货物方式不合理，不能作为认定货物价值和贬值损失的依据。

某保险公司对某物流公司补充提交证据的真实性予以认可，对证明目的不予认可。证据一，第三方愿意按照原价购买2100吨湿损货物系其处分自身权利的行为，不能因此推翻涉案货物受损的事实；证据二，索赔函中的价格系ZHN公司对货物贬值损失的预估，货物实际损失应以其实际处置结果为准；证据三，北京疫情防控措施并不限制潜在竞买人通过其他方式进行沟通并参加竞拍；证据四，涉案货物拍卖不存在事先未公告及公告时间不足的问题，拍卖程序合法有效。

本院在综合分析上述证据及各方当事人的举证、质证意见后认为：鉴于双方对对方提交证据的真实性均认可，本院对上述证据的真实性均予以确认。某保险公司补充提交的相关邮件能够反映其就涉案货物的拍卖事宜与某物流公司的联系情况。某物流公司提交的证据一仅能证明涉案7600吨货物的相关拍卖信息，不涉及货物实际受损情况；证据二仅能证明ZHN公司曾就涉案货物索赔，但未能客观反映货物实际贬值情况；证据三、证据四与潜在竞买人能否参加竞拍涉案货物不具有直接因果关系，本院对某物流公司提交四份证据的证明目的均不予确认。

一审法院查明的事实有相关证据佐证，本院予以确认。

本院认为，因涉案纠纷系由《中华人民共和国民法典》施行前的法律事实引起，故依照《最高人民法院关于适用〈中华人民共和国民法典〉时间效力的若干规定》第一条第二款的规定，一审法院适用《中华人民共和国民法典》施行前的法律、司法解释正确，本院予以确认。

本案中，虽然涉案保险单记载的被保险人为ZHN集团公司，但ZHN公司与ZHN集团公司共同出具的《确认函》表明，涉案货物系“ZHN公司委托ZHN集团公司代为采购进口，ZHN公司为该票货物的实际收货人、所有人，相应货物的仓储、保险、后续处置等也由ZHN公司实际安排”。据此，一审法院认定ZHN公司作为ZHN集团公司的委托人享有涉案海上货物运输保险合同项下被保险人的权利，并无不当。某保险公司作为保险人，已向ZHN公司支付保险赔款并取得权益转让书，有权代位行使ZHN公司向造成损害的第三人请求赔偿的权利。

本案为港口货物保管合同纠纷，应仅就造成保险事故的第三人与被保险人之间的法律关系进行审理。本案二审的争议焦点为：1.涉案保险事故是否发生在某物流公司的责任期间；2.涉案货物是否发生货损及损失数额；3.涉案货损责任如何承担。

一、涉案保险事故是否发生在某物流公司的责任期间。

ZHN公司、XY公司、某物流公司签订的《钾肥监管协议》系各方当事人真实意思表示，合法有效，ZHN公司作为存货人与保管人某物流公司成立港口货物保管合同法律关系。虽然该协议未对某物流公司责任期间作出明确具体的约定，但协议第二条第（三）项约定，某物流公司对存放在库场的货物负有保管义务，不可抗力因素除外，如由于保管不善造成货物污损、灭失，按照同期市场价格赔偿。从涉案货物到港后的流程来看，ZHN公司及其代理人XY公司，负责货物的卸船、倒运、归堆事项，某物流公司负责货物苫盖、保管。涉案货物遭受雨淋时正处于上述交接期间，虽然某物流公司主张此时仍属于ZHN公司卸车、归堆及整理货物期间，某物流公司的仓储保管责任尚未开始，但涉案9632.02吨货物已然存放到某物流公司露天堆场，处于其控制范围内，根据《钾肥监管协议》第二条第三款的约定，某物流公司对存放在库场的货物负有保管义务，因此，涉案保险事故发生时某物流公司的责任期间已经开始。

二、涉案货物是否发生货损及损失数额。

某保险公司与某物流公司均认可涉案货物遭受了雨淋，涉案《残损鉴定报告》亦认定货物遭受了损失，某物流公司基于ZHN公司将遭受雨淋的2079.53吨货物以完好货物价格出售而主张涉案货物不存在货损，但这仅是就部分货物买卖双方均认可的一种处置方式，不能因此推翻涉案货物发生货损的事实，某物流公司的上述主张，缺乏依据，不能成立。

某保险公司诉请的损失由堆存费、货物灭失损失和货物贬值损失三部分组成。(一)关于堆存费。因某保险公司未能举证证明涉案货物因雨淋受损与堆存期延长之间具有直接因果关系，结合目前仍有部分未被雨淋的货物未被提取的事实，一审判决未支持某保险公司关于堆存费的诉请，并无不当。(二)关于货物灭失损失。涉案《残损鉴定报告》载明“雨水溶解和冲走货物带来的重量损失，可参考入库和后续出库的重量作比对”。双方均认可的入库货物数量为9632.02吨，ZHN公司自行提取部分及拍卖货物数量扣除雨水含量后分别为2045.63吨、7405.03吨，因此上述入库和出库的差额即为因雨水流失的货物数量，为181.36吨。在此基础上，扣除《钾肥监管协议》约定的合理货差120.94吨，一审判决最终认定货物流失数量为60.42吨并无不当。某物流公司不认可涉案货物发生了短量损失，但其未提供反驳证据推翻《残损鉴定报告》的认定，同时考虑涉案货物的性状以及当时天气状况，涉案货物发生短量损失亦符合常情常理。(三)关于货物贬值损失。某保险公司通过拍卖方式处理受损货物7527.73吨，不违反法律规定，拍卖货物扣减雨水含量后为7405.03吨。《钾肥监管协议》第二条第三款约定如因保管不善造成货物损失，某物流公司按照同期市场价格赔偿。某保险公司主张货物参考价格为2200元/吨，处于当时国内港口氯化钾(白钾)市场价格区间，一审法院据此认定贬值损失应为4813269.5元，而某保险公司主张的贬值损失4538736.16元低于实际损失，一审判决予以支持，并无不当。某物流公司另主张拍卖货物存在短量损失和贬值损失的重复计算，对此，本院认为，拍卖货物因涉案保险事故既造成了短量，亦使其市场价值受到贬损，且一审判决在计算贬值损失时已经扣除了雨水含量，因此并不存在重复计算的问题。某物流公司主张在计算涉案货物货损金额时应将堆存费从某保险公司的起诉金额中扣除，并将其诉请的短量损失与贬值损失按所占比例予以区分，某保险公司诉请何种损失系其自身权利，其请求能否得到支持由法院根据在案证据综合认定，且一审判决最终认定的损失金额并未超出某保险公司的诉请范围，某物流公司的上述主张缺乏依据，本院不予支持。

三、涉案货损责任如何承担。

涉案《钾肥监管协议》第二条第一款载明“因防城港属于自然灾害多发区，甲方需对存放在库场的货物投保财产险，以应对恶劣自然灾害对货物的损失”，表明某物流公司对当地的自然气候条件已有充分了解，同时其作为拥有专业仓储设备并专门从事仓储保管业务的主体，应当在雨季提前做好应对恶劣天气的应急预案及相应准备工作，但涉案保险事故发生时，某物流公司明显应对不足，致使涉案货物长时间遭受雨淋造成货损，某物流公司应就其保管不善承担责任。同时，考虑到涉案保险事故发生时正处于涉案货物的交接期间，对于大宗散货氯化钾的入库交接由卸船、倒运、归堆、苫盖等多环节构成，这一动态过程需存货人和保管人为对方提供便利，共同协作方能完成。在雷电大风天气发生时，存货人仍安排车辆进入堆场卸货，未及时归整货堆，客观上增加了保管人苫盖货物的难度，存货人对保险事故的发生亦存在过错。综合全案情况，一审法院酌定由某物流公司承担货物损失的70%，由某保险公司承担货物损失的30%，并无不妥。

综上所述，某保险公司、某物流公司的上诉请求均不能成立，应予驳回；一审判决认定事实清楚，适用法律正确，应予维持。依照《中华人民共和国民事诉讼法》第一百七十七条第一款第一项之规定，判决如下：

驳回上诉，维持原判。

二审案件受理费95040元，由上诉人某保险有限公司北京分公司负担47520元，由上诉人某仓储物流有限公司负担47520元。

本判决为终审判决。

审 判 长 李 彤
审 判 员 于轶男
审 判 员 唐 娜
二〇二二年四月二十八日
法官助理 程旭丹
书 记 员 岳琰秋

（本篇文书入选第五届全国法院“百篇优秀裁判文书”）

河北省唐山市人民检察院、广东某航运有限公司、第三人某财产保险股份有限公司海洋环境公益诉讼一案

天津海事法院民事判决书

（2022）津72民初226号

公益诉讼起诉人：河北省唐山市人民检察院，住所地河北省唐山市路北区。

法定代表人：贾某宏。

委托诉讼代理人：韩某，女。

委托诉讼代理人：郭某，男。

被告：广东某航运有限公司。

法定代表人：吴某华。

委托诉讼代理人：周某宇，广东海建律师事务所律师。

委托诉讼代理人：廖某儿，广东海建律师事务所律师。

第三人：某财产保险股份有限公司。

法定代表人：赵某鸣。

委托诉讼代理人：袁某明，北京中伦文德（天津）律师事务所律师。

委托诉讼代理人：孙某婕，北京中伦文德（天津）律师事务所律师。

公益诉讼起诉人河北省唐山市人民检察院（以下简称唐山市人民检察院）与被告广东某航运有限公司（以下简称某航运公司）、第三人某财产保险股份有限公司（以下简称某保险公司）海洋环境公益诉讼一案，唐山市人民检察院在诉前公告了准备提起本案诉讼的相关情况，公告期内未有法律规定的机关和有关组织提起诉讼。本院于2022年4月18日立案后，依法适用普通程序，于2022年11月15日对本案公开开庭进行审理。唐山市人民检察院检察长贾某宏、检察员韩某、检察员助理郭某、某航运公司委托诉讼代理人周某宇和廖某、某保险公司委托诉讼代理人袁某明、专家辅助人郭某红以及证人王某义到庭参加诉讼。本案现已审理终结。

唐山市人民检察院向本院提出诉讼请求：判令某航运公司恢复相关海域原状并消除环境污染危险，即打捞沉船。事实和理由：唐山市人民检察院在履行职责中发

现，某轮船于2016年7月在河北省曹妃甸海域发生自沉事故，至今未打捞出水，该沉船中剩余的2.6吨轻油和200公斤机油可能发生泄漏，给周边海域生态环境和航行安全带来重大风险。鉴于某轮船沉船存在造成海洋生态环境重大污染损害和危害周边海域航行安全及作业的风险，而某航运公司作为船舶登记所有人怠于打捞所属沉船，其行为损害了社会公共利益，唐山市人民检察院作为检察机关依法有权提起民事公益诉讼，请求判令某航运公司承担打捞沉船的法律责任。

某航运公司辩称，一、唐山市人民检察院不具有提起海洋环境公益诉讼的主体资格。二、与某轮船有关的海洋污染损害责任纠纷以及油污防治处理纠纷案件已经在本院以及天津市高级人民法院处理完毕，某轮船的沉没未对海域环境造成污染损害，也没有证据证明存在油污污染的风险。三、某轮船沉没的位置没有妨碍海上交通，不是必须打捞清除的沉船。四、某航运公司已就某轮船向某保险公司购买了沿海内河船东保障和赔偿责任保险，某保险公司是某轮船残骸清除和油污责任的责任保险人，根据我国加入的有关国际公约，唐山市人民检察院应当请求某保险公司承担残骸清除和防污染的费用。

某保险公司述称，一、唐山市人民检察院并未证明存在环境污染的风险和打捞沉船的必要性。二、涉案保险合同已解除，某保险公司对保险合同解除前发生的事故不应承担保险赔偿责任。三、即使保险合同未解除，某保险公司作为保险人依法依约亦不应承担赔偿责任。

唐山市人民检察院为证明其主张提供了以下证据材料：证据一某轮船国籍证书、证据二某轮船所有权证书，证据一和二共同证明某轮船登记的船舶所有人为某航运公司。证据三《曹妃甸“7.2”某轮船自沉事故调查报告》和《水上交通事故责任认定书》，证明某轮船发生自沉事故时该船舶仍存有轻油2.6吨，机油（润滑油）约200公斤，沉船时溢油量5升，某轮船在此次事故中负全责。证据四水上交通事故调查询问笔录，证明某轮船沉没时仍存有轻油2.6吨，机油（润滑油）约200公斤。证据五《唐山市曹妃甸区东锚地北侧沉船案船舶存油专家咨询意见》，证明某轮船油柜等储油设备及携带的润滑油、轻油现已属于危险废物，其在近海沉没并长期在海水中浸泡，存在存油泄漏污染海洋环境和危害周边海域航行安全的风险。证据六《曹妃甸海事局关于某轮船沉船打捞有关情况的说明》，证明某轮船沉船打捞作业船舶未进场施工作业，沉船存在燃油泄漏污染环境风险，船舶所有人应及时打捞沉船。证据七《唐山市农业农村局关于核查沉船情况的复函》、《唐山市曹妃甸区农业农村局关于妥善处置沉船问题的建议》、《唐山海港经济开发区农业办公室关于打捞沉船的建议》，证明某轮船沉船附近常有渔船经过，为确保渔船航行安全，要求责任主体尽快打捞沉船。证据八交通运输部举行2017年第十一次例行新闻发布会介绍渤海湾“碧海行动”有关情况的新闻稿，证明渤海是半封闭海域，自净能力较差，海洋生态环境脆弱，渤海湾海域沉船不仅严重危害海上交通安全，而且沉船内燃油随时可能泄漏，对海洋生态环境及渔业生产造成严重威胁。证据九长江水域网2018年2月1日新闻报道《沉船遭连环碰撞，多船遇险沉没！》，证明某轮船沉船处于老龙沟深槽，有较多渔船经过，沉船对于周边海域的航行安全存在较大隐患。证据十唐山市人民检察院勘验检查笔录及附件，证明2020年10月15日某轮船沉船仍有部分船首露出海面，对比海事局提供的2016年7月事故发生时的清污照片，沉船稍有下沉。证据十一唐山市人民检察院询问笔录，证明案外人唐山某某有限公司（以下简称某甲公司）于2016年7月3日至11月11日对沉船进行清污作业期间，没有船舶开展打捞相关工作。

某航运公司对唐山市人民检察院证据的质证意见为：对除证据十外的其他证据的真实性均无异议，对证明效力均有异议。对证据一和二，认为某轮船的实际所有人是孙某唤。对证据三，认为污染已经处理完毕。对证据四，认为被调查船员明确表示船舶沉没时已将管线关闭，不会发生泄漏。对证据五，认为专家辅助人并非船舶污染方面的专家，对船舶结构不了解，对其出具意见的科学性以及所附规则的适用性有异议。对证据六，认为海事行政管理机构并未要求强制打捞某轮船沉船。对证据七，认为可以证明沉船对周某影响不大，且该文件的内容也是建议，不具有强制性。对证据八和九，认为新闻所报道的事实没有异议，但与本案没有关联性，某轮船沉船不属于必须打捞的范围。对证据十的真实性和证明效力均有异议，认为该笔录没有对周某环境进行评估，没有提供海图资料以及周某交通情况的文件，不能证明沉船会产生污染环境以及妨碍交通安全的风险。对证据十一，认为不能证明某航运公司没有开展打捞相关工作。

某保险公司对唐山市人民检察院证据的质证意见与某航运公司相同。

本院对唐山市人民检察院证据的认定意见为：某航运公司与某保险公司对除证据十以外的其他证据的真实性均无异议，本院对真实性予以认定。船舶国籍证书和所有权证书能够证明某轮船的登记所有人为某航运公司，本院对证据一和二的证明效力予以认定。证据三和四为海事行政管理机构针对某轮船沉船事故进行调查形成的笔录以及调查报告，具有权威性，能够证明事故发生的原因、经过和责任认定情况，本院对其证明效力予以认定。专家意见与其他证据能够相互印证，共同证明某轮船沉船对于周边海洋生态环境存在污染的重大风险，本院对证据五的证明效力予以认定。证据六和七为海事和渔业行政管理机构出具的文件，能够相互印证，共同证明某轮船沉船对于周边海域存在污染和影响航行安全的重大风险，本院对上述证据的证明效力予以认定。证据八和九为新闻报道，具有客观性，能够证明沉船给海洋和内河生态环境和航行安全带来巨大风险，本院对上述证据的证明效力予以认定。证据十为唐山市人民检察院现场勘查形成的笔录，具有客观性，能够证明某轮船沉船当时的状况，本院对真实性和证明效力均予以认定。证据十一为唐山市人民检察院制作的询问笔录，能够证明某轮船沉船未被打捞的事实，本院对其证明效力予以认定。

某航运公司为证明其主张提供了以下证据材料：证据一《沿海内河船东保障和赔偿责任保险保险单》，证明某保险公司承保某轮船沿海内河船东保障和赔偿责任保险，其中残骸清除险赔偿限额400万元，油污责任赔偿限额1000万元。保险期间自2016年4月20日0时起至2017年4月19日24时止。证据二《燃油污染损害民事责任保险或其他财务保证证书》，证明某轮船有油污和其他责任险的财务保证证书，有足额的油污损害赔偿保险，保险人是某保险公司。证据三（2016）津72民初818号民事判决书、证据四（2020）津民终521号民事判决书，证据三和四共同证明某乙公司以其养殖的贝类受到某轮船燃油泄漏污染损害为由，向本院对某航运公司和某保险公司提起诉讼，请求赔偿各项损失5322240元和清污工作费用908400元，该案经本院审理，作出民事判决，驳回了某乙公司的全部诉讼请求，某乙公司不服提起上诉，天津市高级人民法院二审维持原判，上述事实证明某轮船的沉没未对周边海域环境造成污染损害。证据五（2017）津72民初476号民事判决书，证明某甲公司向本院对某保险公司提起诉讼，并将某航运公司作为第三人，请求赔偿某轮船船舶油污染处置费损失4278935元，该案经本院审理，作出民事判决，判令某保险公司赔偿某甲公司清污作业费553858.3元及利息，该判决已发生法律效力并履行完毕，有关某轮船船舶油污染防治处理已经完成，至今没有证据证明存在船舶油污染的风险。证据六通报，证明唐山市曹妃甸港区船舶污染事故应急指挥部办公室通报，确认成功处理因某轮船自沉产生的船舶污染事故，各成员单位克服困难、密切配合，圆满完成了各项任务，保护了曹妃甸水域环境清洁。证据七通知，证明海事行政管理机构通知某甲公司符合二级船舶污染清除作业资质。证据八某甲公司工作汇总、证据九某轮船沉船事故出勤表、证据十某轮船抢险出库清单，证据八至十共同证明2016年7月3日至11月11日，某甲公司经过4个多月的作业，完成了对某轮船沉船的防污清污工作。证据十一《河北省危险废物转移申请表》和《废矿物油委托处理协议》、证据十二《危险废物转移联单》，证据十一和十二共同证明某甲公司将收集的7吨船舶油污水和含油废弃物转移给了秦皇岛市某再生资源利用有限公司，某轮船沉船的溢油已经全部收集并处理，不再有油污染风险，转移也得到了环保部门的盖章确认。证据十三（2018）粤72民初911号民事判决书、证据十四（2019）粤民终1560号民事判决书，证据十三和十四共同证明某航运公司向广州海事法院就船舶一切险的赔偿问题对某保险公司提起诉讼，广州海事法院判决认定某轮船保险合同的免责条款不产生法律效力，某保险公司不得以属于免责范围而拒赔，某保险公司不服提起上诉，广东省高级人民法院二审维持原判。证据十五《某轮船沉船整体打捞合同》，证明某航运公司与案外人日照某海运有限公司（以下简称某丙公司）于2016年8月23日签署某轮船沉船整体打捞合同，打捞费用125万元，残骸作价50万元。根据该打捞方案，船舶已按实际全损处理。证据十六《某轮船打捞费付款函》和《某轮船收款变更函》，证明某丙公司与某航运公司通过函件确认付款方式和付款账户。证据十七律师函及邮件，证明某丙公司没有按照约定完成打捞，某航运公司委托律师发出律师函，催促其打捞沉船，但某丙公司至今没有完成打捞。证据十八某丙公司某轮船沉船打捞负责人王某义的证言，证明某轮船沉船打捞合同签订及履行的相关事实。

唐山市人民检察院对某航运公司证据的质证意见为：对全部证据的真实性均无异议，对证明效力均有异议。对证据一和二，认为与本案无关。对证据三和四，认为根据该生效判决，某乙公司被驳回的原因为不能证明自身损失实际发生，该判决既不能证明当时没有污染损害发生，也不能证明之后没有污染发生的风险。对证据五至十二，认为与本案无关，不能证明某航运公司的主张。对证据十三和十四，认为某航运公司的主张与本案无关，但该证据恰能证明某航运公司作为登记的船舶所有人和经营人依法应对沉船造成污染损害的风险承担责任。对证据十五和十六，认为恰能证明某航运公司应承担打捞责任。对证据十七，认为该证据能够证明某轮船沉船至今未进行打捞，公益损害的风险持续存在。对证据十八，认为该证人证言不能证明某航运公司曾委托某丙公司实际进行过打捞作业。

某保险公司对某航运公司证据的质证意见为：对证据一、二、十三和十四的真实性无异议，对证明效力有异议，认为某航运公司与某保险公司之间就保险合同项下的纠纷与本案无关，也不能证明某航运公司的主张。对于其他证据，由于某保险公司不知情，不发表意见。

本院对某航运公司证据的认定意见为：唐山市人民检察院对全部证据的真实性均无异议，本院对真实性予以认定。保险单和财务保证证书，能够证明某航运公司与某保险公司之间存在保险合同关系，本院对证据一和二的证明效力予以认定。证据三至十四为另案的生效民事判决书及某甲公司的清污文件，与本案没有直接关联，本院对证明效力不予认定。打捞合同及相关函件能够证明某航运公司与某丙公司订立打捞合同的事实，但不能证明沉船打捞工作已实际完成，本院对证据十五至十七的证明效力不予认定。证人证言与其他证据相互印证，能够证明某轮船沉船中目前尚有大量油污存留的事实，本院对该部分证明效力予以认定，但不能证明某航运公司已完成沉船打捞的工作，本院对该部分证明效力不予认定。

某保险公司为证明其主张提供了以下

证据材料：证据一《船舶买卖合同》及《补充协议》、证据二《船舶委托代管协议》，证据一和二共同证明：1.某航运公司在投保前已将某轮船转让给孙某唤；2.孙某唤将某轮船挂靠在某航运公司名下，以某航运公司的名义实际经营和管理船舶，该行为违反了《国内水路运输管理规定》关于个人经营内河普通货物运输业务的规定。证据三《关于某轮船河北省曹妃甸水域沉没案公估报告》，证明：1.某轮船在事故发生时处于不适航（船员配备不当和船员不适任）的状态；2.孙某唤以某航运公司的名义实际经营和管理船舶违反《国内水路运输管理规定》，对于船舶的管理和运营存在巨大安全隐患，故涉案船舶转让这一事实对保险事故发生有重要影响。证据四《船舶保险投保单》、证据五《船舶保险投保问询表》、证据六《某某财产保险股份有限公司沿海内河船东保障和赔偿责任保险条款》、证据七《合同终止函》，证据四至七共同证明：1.某航运公司就某轮船向某保险公司投保沿海内河船东保障和赔偿责任保险，适用沿海内河船东保障和赔偿责任保险条款；2.某航运公司在船舶保险投保单上盖章，确认已仔细阅读包括责任免除条款在内的保险条款并对保险公司就保险条款的说明和提示完全理解；3.某航运公司作为被保险人，在投保前未告知保险人某轮船已转让给孙某唤这一重要事实，某航运公司与某保险公司之间的保险合同已解除，且由于这一事实对保险事故的发生有重大影响，故某保险公司对保险合同解除前发生的保险事故造成的损失不负赔偿责任；4.即使保险合同未解除，由于事故发生时某轮船不适航，某保险公司不负赔偿责任。

唐山市人民检察院对某保险公司证据的质证意见为：对证据一和二的真实性无异议，对证明效力有异议，认为上述证据恰能证明某航运公司应当承担沉船打捞的责任。对于证据三的真实性无异议，对证明效力有异议，认为该证据为某保险公司单方制作，不能证明其主张。对证据四至七的真实性无异议，对证明效力有异议，认为与本案无关。

某航运公司对某保险公司证据的质证意见为：对证据一和二的真实性无异议，对证明效力有异议，认为不能证明某保险公司的主张。对证据三至七的真实性无异议，对证明效力有异议，认为既不能证明某轮船在事故发生时不适航，也不能证明某保险公司可以免于承担保险责任。

本院对某保险公司证据的认定意见为：唐山市人民检察院和某航运公司对全部证据的真实性均无异议，本院对真实性予以认定。《船舶买卖合同》、《补充协议》及《船舶委托代管协议》能够证明某航运公司将某轮船的全部所有权转让给孙某唤，同时约定某航运公司仍登记为某轮船的船舶所有人和经营人，并接受孙某唤的委托代为管理该船舶的事实，本院对证据一和二的该部分证明效力予以认定，但不能证明某航运公司作为某轮船登记所有人不承担打捞沉船的责任，本院对该部分证明效力不予认定。证据三至七为某航运公司与某保险公司在保险合同订立和履行过程中形成的文件，与本案诉争不直接相关联，本院对证明效力均不予认定。

根据当事人陈述和经审查确认的证据，本院认定事实如下：

涉案船舶为散货船，船籍港广州，总长84.7米，型宽13.2米，型深6.3米，总功率1104千瓦，总吨2263吨，净吨1267吨。根据船舶国籍证书、船舶所有权证书的记载，某轮船船舶所有权人和经营人均为某航运公司。2016年4月5日和4月7日，某航运公司与案外人孙某唤签订《船舶买卖合同》及《补充协议》，约定某航运公司将某轮船的全部所有权以275万元的价格转让给孙某唤。同年5月5日，某航运公司与孙某唤签订《船舶委托代管协议》，约定某航运公司接受孙某唤的委托代为管理某轮船，某航运公司登记为该轮的船舶所有人和经营人，并同意孙某唤以某航运公司的名义对该轮进行驾驶、经营、使用冠以某航运公司名称的船章。

2016年7月1日17时40分左右，某轮船从天津海域开往曹妃甸海域，7月2日1时30分左右抵达曹妃甸海域开始装海砂作业，于当日3时30分装砂结束，开始起锚，此时该船舶共装载海砂约3300吨（前舱1500吨，后舱1800吨），前吃水4.5米，后吃水4.8米。当日3时50分，某轮船起锚完毕，开始启航，此时船上人员听到船中央传来声响，船体抖动，速度急速下降为0，船长命令大副抛锚1.5节。至4时左右，某轮船开始下沉，吃水差变大，右倾，船长决定弃船。4时18分左右，某轮船在曹妃甸东锚地北侧（39° 04'.1N／118° 45'.0E）沉没，无人员伤亡，有部分轻油泄漏。7月3日17时15分，由某甲公司负责某轮船海上溢油应急处置工作，直至作业完成。对于此次事故，唐山曹妃甸海事局出具了调查报告。报告记载：探摸报告显示该轮右舷船中水尺向船艏方向4—5米侧板褶皱，不规则破口撕裂，裂口由下至上甲板；该轮左舷船中水尺向船尾方向4—5米侧板褶皱，不规则破口撕裂，裂口由下至上甲板。根据某轮船相关船员描述，船舶存轻油约2.6吨，机油约200公斤。通过现场勘验、调查询问，并经油膜法估算入海溢油量约为5升（不排除溢油量超出此估算范围的可能）。某轮船在此次事故中负全部责任。

事故发生后，某航运公司与某丙公司于2016年8月23日签订《某轮船沉船整体打捞合同》，约定某航运公司委托某丙公司对某轮船号沉船实施整体打捞，打捞作业范围包括沉船的整体打捞、沉船油污的预防和清理以及货物清理；某丙公司负责制定详细的施工方案和防止油污方案，经某航运公司审核同意，并获得海事行政管理机构和政府的批准和许可。但某轮船沉船的打捞工作至今尚未完成。

另查明，2016年4月19日，某航运公司与某保险公司就某轮船签订《沿海内河船东保障和赔偿责任保险保险单》，约定某保险公司承保某轮船残骸清除、碰撞责任、施救和法律费用、污染以及人身伤亡和疾病责任保险，其中油污责任每次事故及累计赔偿限额为1000万元，绝对免赔额1万元或绝对免赔额率为损失金额的10%，以高者为准；残骸打捞每次事故及累计赔偿限额为400万元，绝对免赔额1万元或绝对免赔额率为损失金额的10%，以高者为准。保险期间自2016年4月20日0时起至2017年4月19日24时止。

本院认为，本案为海洋环境公益诉讼纠纷，本案争议焦点为：一、唐山市人民检察院是否具备公益诉讼起诉人的主体资格。二、某航运公司是否应承担打捞沉船的责任。

就争议焦点，本院论述如下：

一、唐山市人民检察院是否具备公益诉讼起诉人的主体资格。

根据《中华人民共和国民事诉讼法》第五十八条的规定，人民检察院在履行职责中发现破坏生态环境和资源保护等损害社会公共利益的行为，在没有法律规定的机关和组织或者法律规定的机关和组织不提起诉讼的情况下，可以向人民法院提起诉讼。根据《最高人民法院、最高人民检察院关于办理海洋自然资源与生态环境公益诉讼案件若干问题的规定》第三条的规定，人民检察院在履行职责中发现破坏海洋生态、海洋水产资源、海洋保护区的行为，可以告知行使海洋环境监督管理权的部门提起诉讼。在有关部门仍不提起诉讼的情况下，人民检察院有权就海洋自然资源与生态环境损害，向有管辖权的海事法院提起民事公益诉讼。本案中，唐山市人民检察院在履行职责中发现，某航运公司怠于打捞所属某轮船沉船，致使曹妃甸周边海洋生态环境安全以及航行安全均存在重大风险，在经过公告程序，没有适格主体提起诉讼的情况下，向本院提起海洋环境民事公益诉讼符合法律和司法解释的规定。因此，本院认为唐山市人民检察院依法具备公益诉讼起诉人的主体资格。

二、某航运公司是否应承担打捞沉船的责任。

（一）某轮船沉船是否具有打捞的必要性。

根据《中华人民共和国海洋环境保护法》（以下简称海环法）第九十四条的规定，海洋环境污染损害，是指直接或者间接地把物质或者能量引入海洋环境，产生损害海洋生物资源、危害人体健康、妨害渔业和海上其他合法活动、损害海水使用素质和减损环境质量等有害影响。油类是指任何类型的油及其炼制品。根据《国家危险废物名录（2021年版）》第二条的规定，具有毒性、腐蚀性、易燃性、反应性或者感染性一种或者几种危险特性，或者不排除具有危险特性，可能对生态环境或者人体健康造成有害影响，需要按照危险废物进行管理的固体废物（包括液态废物），属于名录规定的危险废物，而该名录将废矿物油与含矿物油废物列为第HW08号危险废物。本案中，根据曹妃甸海事局出具的事故调查报告，某轮船沉没前，船上尚存轻油约2.6吨，机油约200公斤，沉没时经估算入海溢油量约为5升（该次海上溢油事故已为某甲公司清理处置完毕）。至今既没有证据显示涉案沉船周边海域再次发生过溢油事故，某航运公司也未能举证证明曾对沉船中的残油进行过无害化处理。上述事实结合打捞公司工作人员的证言，能够证明某轮船沉船中至今仍有大量残油。鉴于涉案沉船中的残油属于具有毒性、易燃性，可能危害海洋生态环境的危险废物，该沉船长期不能打捞，存在船载油污泄漏造成周边海洋生态环境污染损害的重大风险。

根据《中华人民共和国海上交通安全法》第七条的规定，从事船舶航行、停泊、作业以及其他与海上交通相关活动的单位和个人，依法既享有获得航海保障和海上救助的权利，也应承担维护海上交通安全和保护海洋生态环境的义务。根据《中华人民共和国打捞沉船管理办法》第六条的规定，对不属于主管机关限期打捞的沉船，沉船所有人也应当自船舶沉没之日起一年以内提出打捞计划和完工期限，经有关港（航）务主管机关批准后进行打捞。本案中，某轮船沉船虽然不属于海事行政管理机构责令限期打捞的范围，但根据上述法律和行政法规的规定，责任人也应自船舶沉没之日起一年以内提出打捞计划，经批准后尽快打捞。然而某轮船沉没至今已过六年，根据唐山曹妃甸海事局和唐山市渔业管理机构出具的相关说明，该沉船已给周边海域渔船航行和渔业生产的安全带来了不确定的危害和影响，存在安全风险。

根据《中华人民共和国民法典》第一千二百三十四条的规定，违反国家规定造成生态环境损害，生态环境能够修复的，国家规定的机关或者法律规定的组织有权请求侵权人在合理期限内承担修复责任。根据《中华人民共和国海洋环境保护法》第八十九条第一款的规定，造成海洋环境污染损害的责任者，应当排除危害，并赔偿损失。根据《最高人民法院关于审理环境民事公益诉讼案件适用法律若干问题的解释》第十八条的规定，对污染环境、破坏生态，具有损害社会公共利益重大风险的行为，原告可以请求被告承担停止侵害、排除妨碍、消除危险、修复生态环境、赔偿损失、赔礼道歉等民事责任。根据《最高人民法院关于审理海洋自然资源与生态环境损害赔偿纠纷案件若干问题的规定》第六条的规定，依法行使海洋环境监督管理权的机关请求造成海洋自然资源与生态环境损害的责任者承担停止侵害、排除妨碍、消除危险、恢复原状、赔礼道歉、赔偿损失等民事责任的，人民法院应当根据诉讼请求以及具体案情，合理判定责任者承担民事责任。根据上述规定，某轮船沉船长期未打捞，违反了我国法律和行政法规的规定，给曹妃甸周边海域的海洋生态环境和航行安全带来了重大安全隐患和风险，依法应当消除危险、恢复原状。因此，本院认为，某轮船沉船必须予以打捞。

（二）某航运公司是否应承担打捞沉船的责任。

根据《防治船舶污染海洋环境管理条例》第三十九条的规定，船舶沉没的，船舶所有人、经营人或者管理人应当及时向海事管理机构报告船舶燃油、污染危害性货物以及其他污染物的性质、数量、种类、装载位置等情况，并及时采取措施予以清除。根据《中华人民共和国打捞沉船管理办法》第六条的规定，沉船所有人应承担打捞沉船的责任。本案中，虽然某航运公司主张在事故发生前已将某轮船转让给案外人孙某唤，但该转让行为并未在海事行政管理机构登记，某航运公司仍为某轮船登记的船舶所有人和经营人。况且，某航运公司在船舶转让后仍受托代为管理某轮船，以某航运公司的名义对该船舶进行驾驶、经营并使用冠以某航运公司名称的船章，某航运公司与某轮船实际所有人之间存在船舶挂靠关系，某航运公司为被挂靠企业。根据我国法律规定，某航运公司作为某轮船登记的船舶所有人和经营人，同时也是船舶挂靠关系中的被挂靠企业，在沉船事故对周边海洋生态环境和海上航行安全等社会公共利益产生重大损害风险时，负有消除危险、恢复原状的法律责任，是适格的责任主体。因此，某航运公司依法应承担打捞某轮船沉船的责任，本院对唐山市人民检察院的诉请予以支持。

某航运公司主张根据我国加入的《2001年国际燃油污染损害民事责任公约》和《2007年内罗毕国际船舶残骸清除公约》，某保险公司是某轮船残骸清除和油污责任的责任保险人，唐山市人民检察院应当请求某保险公司承担残骸清除和防污染的费用。对此，本院认为，根据上述两个公约，对于因燃油污染或清除残骸责任而产生的费用的索赔，可向船舶登记所有人的责任保险人或提供经济担保的其他人直接提出。而本案中，唐山市人民检察院诉请的内容是判令某航运公司承担消除危险、恢复原状的法律责任，即实施并完成打捞沉船的行为，并不涉及对产生费用的索赔问题。因此，某航运公司要求唐山市人民检察院在本案中请求某保险公司承担残骸清除和防污染费用的抗辩不能成立，本院不予采信。

根据我国交通主管部门的规定，海上沉船打捞作业应当具有符合安全作业要求的单位、人员、船舶和海上设施，具备符合海上交通安全和防治船舶污染海域环境要求的保障措施、应急预案和责任制度，制订作业方案，经过海事行政管理机构许可后方能进行，且作业结束后，应及时清除作业过程中产生的污染物和碍航物，不得遗留任何有碍航行和作业安全的隐患，并向海事行政管理机构报告。根据上述规定，为了完成沉船打捞，某航运公司须满足法定条件，制订打捞方案并经过海事行政管理机构许可，然后再实施打捞作业，作业结束后还应及时清除污染物和碍航物，消除危险，不留任何安全隐患，并向海事行政管理机构报告。鉴于上述步骤的实施客观上需要一定的时间来完成，因此本院根据本案实际情况酌情给予某航运公司一段合理的打捞期间，该期间以九十日为宜。

综上所述，依照《中华人民共和国民法典》第一千二百三十四条，《中华人民共和国海洋环境保护法》第八十九条第一款、第九十四条，《中华人民共和国海上交通安全法》第七条，《防治船舶污染海洋环境管理条例》第三十九条，《中华人民共和国打捞沉船管理办法》第六条，《最高人民法院、最高人民检察院关于办理海洋自然资源与生态环境公益诉讼案件若干问题的规定》第三条,《最高人民法院关于审理环境民事公益诉讼案件适用法律若干问题的解释》第十八条,《最高人民法院关于审理海洋自然资源与生态环境损害赔偿纠纷案件若干问题的规定》第六条和《中华人民共和国民事诉讼法》第五十八条和第六十七条第一款的规定,判决如下:

被告广东某航运有限公司于本判决生效之日起九十日内完成打捞某轮船沉船的全部作业。

如不服本判决,可以在判决书送达之日起十五日内,向本院递交上诉状,并按照对方当事人或者代表人的人数提出副本,上诉于天津市高级人民法院。

审　判　长　李增强
审　判　员　杨　玲
审　判　员　曹　克
人民陪审员　张凤展
人民陪审员　王永福
人民陪审员　王乐强
人民陪审员　贾志新
二〇二二年十二月十三日
法官助理　梁　艳
书　记　员　王　晴

(本案入选“两高”“海洋自然资源与生态环境检察公益诉讼典型案例”“新时代推动法治进程2023年度十大案件”提名)